有名企業からの脱出

あなたの仕事人生が“手遅れ”になる前に

冨山和彦
経営共創基盤（ＩＧＰＩ）
代表取締役ＣＥＯ

幻冬舎

はじめに

世の中には、会社を腐らせる病がある

日本の組織が最も苦手なものは何かというと、それは間違いなく意思決定です。意思決定とは何かというと、メリハリをつけること。日向《ひなた》と日陰をつくること。

難しい局面になればなるほど、厳しい意思決定がリーダーには求められます。ところが、日本人の組織というのは、基本的にはムラ社会の行動パターンで動いてしまう。みんなの幸せを考え、ムラの中の平和を何より重視する。できれば日陰はつくりたくない。みんなを日向にしたい……。

こうしたムラ社会の見えない圧力に負け、リーダーは中途半端な決断をしてしまうのです。そういうことがよく起こるのが、日本なのです。

そんな日本を象徴するような面白い言葉があります。一時は意思決定の代名詞のように言われ、今なおよく耳にします。

「選択と集中」

実はこの言葉、よく見ると不思議です。同意語の反復でしかないのです。本来なら、「選択と断捨離」とするべきでしょう。

意思決定においては、利益が相反するふたつのうち、どちらを捨てるかを決断することこそが難しいのです。

ところが、「選択と集中」には「捨」の言葉が入っていない。「捨」が入っていない言葉が、意思決定の代名詞のように言われてしまう。捨てることをせずに、いったい何を選択するのか。これは、日本人の本心が、そして危うさが潜んでいる象徴的な言葉のひとつかもしれません。しかしこれこそが、日本の姿なのです。

表面的には優しく見えても、よくよく眺めてみると、極めて危険な芽が潜んでいる。そういうものが、日本にはたくさんあるのです。

世の中には、会社を腐らせる病がある。それは一見、会社と関係ない組織にも起きる。世間を騒がせるニュースから、そんな〝会社病〟をひもとく……。そんなテーマで、幻冬舎の月刊誌『ゲーテ』の連載がスタートしたのは、2007年11月のことでした。

産業再生機構のCOOとして、数多くの企業再生に携わった経験をベースにしながら、私自身が気になっていた、さまざまな問題を取りあげた「それ、会社病ですよ」という名の連載は、それから8年強、全100回にわたって続くことになりました。

好評をいただいたその連載の本質を6つ抜き出し、それぞれを章にしました。各章には冒頭に新たなエピソードや考えをつけ加え、その「症例」として、当てはまる連載をそのまま収録したのが、本書です。

連載を行っていた8年間は、日本にとって激動の時代でした。自民党から民主党への政権交代。さらには自民党の政権奪取。リーマンショックや東日本大震災。JALの破綻《はたん》、東芝など名門企業の不祥事。日本人が海外で活躍する一方で、相対的には大きく落ちた存在感……。

ただ、ひとつ間違いなく言えるのは、日本はまだまだ変われていない、ということです。世界が大きく変わっていくなかで、日本はもっともっと変わらなければいけない。そのためには、企業の経営者はもちろん、そこで働く人の意識や行動が変わらないと始まらない。いつまでも自分の属する「カイシャ」や「部署」のせいにしている場合ではないのです。本書には、その背中を押すきっかけをたくさん詰めたつもりです。

これからひとりひとりが、そして日本が大きく変わっていくために。その一助になれば、大変幸いです。

目次

2章

世の中の変化についていけない企業が陥る病

3章

4章

6章

構成　上阪徹
装丁　松山裕一（ＵＤＭ）
撮影（帯）有高唯之
編集　米澤多恵（幻冬舎）

1章

会社病のガン細胞は日々、社内で発生している

ムラ社会の虜になった社員が、会社を危機に追いやる

名門企業の不祥事が相次いでいます。しかし、東芝の問題にしても、三菱自動車の問題にしても決して他人事ではない、ということを、すべての企業はしっかり認識しておく必要があります。日本企業には、会社病になり得るガン細胞が常に潜んでいるからです。そのガン細胞とは、社長や社員が共同体の虜《とりこ》になってしまうことです。ムラ社会の虜、と呼んでもいい。

そこにあるムラ社会の調和、ムラ社会で通用しているルール、あるいはその空気に同調する圧力、精神的な依存……。そうしたものが、日本の場合は、ほぼ100%、会社病発症の原因になるのです。

これが膨張していくと、決算数字をごまかしたり、データを改ざんしたり、といった行動につながっていく。組織の風通しが良かろうが悪かろうが起こります。しかも本人たちに悪気はなく、「会社のために」という正義感すら持っています。防ぐ方法はありません。こういうことがいつでも起こり得る、という覚悟をしっかり持っておくことです。

どんな立派な会社でも、サラリーマン型のいわゆる新卒一括採用で、終身年功型の組織でやっていれば、かなり高い確率で、このガン細胞が体の中に生まれていると思ったほうがいい。外国の会社でも起こり得ますが、外国の会社、特にアメリカの会社の場合には、良くも悪くも日本のムラ社会のような共同体性が薄い。だから、早い段階で裏切り者が出てきたり、告発者が出てきたりすることが多い。

ところが、とりわけ戦後の日本型経営は違う。会社は家族であり、従業員にとっての人生そのものになっています。逆にいえば、この仕組みがうまくいったことが日本の戦後の繁栄をもたらしたともいえます。精密な製造業などは、組織としての同一性や連続性があったほうが強みになるからです。だから、加工貿易立国時代は、それで大成功した。

しかし、どんなモデルにも、負の側面があります。高度成長期が終わることでその負の側面が表に出てきてしまうと、ガン細胞が大きくなって会社病に至ってしまうのです。

これは、外国の会社でも同じです。ただし、例えばアメリカの組織が一番なりやすいのは、同じガンといっても組織ではなく、ＣＥＯが病んでしまう脳腫瘍です。強大な権力を持つトップが病んでしまったら、誰も止められない。エンロン事件にしても、ワールドコム事件にしても、首謀者はトップでした。トップが、現場の知らないところで大変なことをやっている。そういうパターンの不祥事が起きやすいのが、アメリカなのです。

あれだけ権力がＣＥＯに集中していて、ある意味で恐怖政治が行われていれば、それも起こり得るでしょう。自分の部下のクビをどんどん飛ばせるわけです。だから重要なのが、ガバナンスです。経営ボード（取締役会）を強くする、ということなのです。

それでも防ぎきれなくなってアメリカの会社病が生まれるわけですが、その病は脳腫瘍的であり、ある意味、ハリウッド映画チックです。最後の10分ほどで本当に悪い奴が出てきます。意外に主人公が味方だと思っていた人間がワルだったりする。社内を調べてくれ、などと命じた善人のＣＥＯだと思っていたら、調べすぎて驚愕《きょうがく》の事実がわかってしまい、ラスト10分でひっくり返るパターン……。そういう話がよくあります。いずれにせよ名実ともに〝大ボス〟がいるのです。

『沈まぬ太陽』に共感しているなら、あなたは会社病にかかっている

自分は共同体なんかに染まっていない。そんなふうに思う人もいるかもしれません。では、本当はどうなのか。わかりやすい例を挙げておきましょう。１９９９年に発売され、大ベスト

1章

セラーになった山崎豊子の『沈まぬ太陽』。あの本の内容に大いに共感してしまったとすれば、あなたはすでに会社病です。

飛行機事故をめぐる悲しい内容は別にして、よくよく考えてみると、実につまらない話なのです。社内で飛ばされてしまった。僻地《へきち》をくるくる回されてしまった。上層部に認めてもらえなかった……。

しかし、クビにされてしまったわけではないのです。僻地に飛ばされたといっても、ちゃんと大手航空会社の給料をもらっている。それどころではありません。こういうケースは、手厚い赴任手当が出るのです。日本にいる妻子はしっかり本給をもらっているので、二重に手当がもらえる。最もお金が貯まるパターンです。外務省などでもそうですが、海外に赴任している場合、特に僻地に赴任している時は、一番収入が増えます。

さらに、現地での暮らしは豪華そのもの。お手伝いさんをつけ、豪邸に住み、毎日おいしいものを食べられる。時間にも余裕があるから、狩猟を趣味にしてワークライフバランスはバツグンです。

ところが、小説では悲劇仕立てになっている。派閥争いに巻き込まれ、飛ばされた。それにめげずに頑張る。こういう話に感応するサラリーマンがたくさんいたから大ベストセラーになり、ドラマや映画にもなったのだと思いますが、いったいどこが、かわいそうなのでしょうか。

まるで共感などできません。申し訳ないですが、小さな共同体、ムラ社会の中で「出世争いごっこ」「派閥争いごっこ」をやっているだけです。ごっこをやっているうちに、いろいろ起きる。しかし、所詮はごっこです。それでメシが食えなくなるわけではない。誰も生活に困らない。

だから、これに共感できてしまえること自体、会社病なのです。『半沢直樹』はじめ、大企業のサラリーマンを題材にした小説やドラマは全部そうです。

これが江戸時代だったら、派閥争いで負けた側は切腹で死なないといけないわけです。お家断絶なのです。昔なら、家族みんなが路頭に迷った。でも、現代小説だから、何も起きない。単なるごっこです。

これが、共同体の中にいることの怖さです。本当のリアリティがない。だから、異常に盛り上がれる。ごっこが高じてエスカレートできる。ごっこの中で必死にやれる。そのうち、社会的規範や、法律に違反していることさえ、知らないうちにやってしまうのです。なぜか。ごっこというバーチャルな世界の中で勝つことを、いつの間にかリアルな世界より優先してしまうようになるからです。

データを偽装し、不正会計をする。これは、リアルな世界では違反であり、罪です。社内で勝った、負けたなどというのは、所詮バーチャルでしかない。現実の生活に大して影響を与えないのです。ところが、それがわからなくなる。

共同体の罠は、その中でずっと生きていると、僻地に放出される程度のことが、一種の死だと思い込むようになってしまうことです。確かに共同体の中で偉くなっていくというゲームにおいては、死かもしれない。しかし、生身の人間としては、死ぬわけでもなければ、国を追われるわけでもない。世の中から見れば、立派な会社員ということは、まったく変わっていないのです。

そうした感覚がなくなって、おかしくなっていくのが、会社病の怖いところです。粉飾などしたところで、何も得ることはない。ところが、社内では褒めてもらえる。仲間はずれにされずに済む。そうやって、手を染めてしまう。しかし、リアルな世界に戻ったら、本当に人生は終わってしまうのです。

そういうことに最後まで気づけない人たちを、私は過去の再生案件ではイヤというほど見てきました。

「我々は違う」と言い張っていた会社が粉飾の当事者になった

ごっこの世界では、会社がつぶれることのリアリティもありません。つぶれるとも思っていない。

たとえ会社がつぶれたところで、大きな会社なら自分が債務の連帯保証をしているわけではないから、借金取りに厳しく追われることもない。小さな会社がつぶれる時に直面するギリギリの精神状態を迫られるシリアスさはないのです。

タイタニックの上にみんな乗っかっていて、まだ暖房も効いていて、中でパーティをやっているようなものです。そこで、イス取り合戦をやっている。

船が沈んでいるのはなんとなくわかる。「ああ、沈んでいるな」と思っても、実際には、冷たい水がザァーッと入ってくるまでは、リアリティはないのです。氷山にぶつかっても、「あれ、何か音がしたな、どうしたんだろう」くらいなものです。

大企業の社員というのは、そういうものです。そもそも過去を振り返ってみれば、大学を卒業するまで、家族という共同体の船の中で守られてきたわけです。親が大企業に勤務していたりすると、家庭自体がその大共同体に守られていたりする。

それでまた大企業に就職したら、一度も共同体から離れることがないのです。実は、ずっとタイタニックから降りたことがない。「体育会で揉まれました」などといっても、所詮はそれもごっこです。

大事なことは、「自分はごっこしかやってきていない」と認識しないといけない、ということなのです。

戦前なら、サラリーマンはどんどんクビを切られた。でも、今はそうではない。だから経営者が、いくら危機感を煽《あお》っても、所詮みんなリアリティが持てない。みんな共同体のゲームの虜になってしまっていることに気づかない。半径5メートルの同調圧力に、妥協しながら生きているのです。

「いや自分は違う、自分の会社はそうじゃない」と思われるかもしれない。でも実際には、圧倒的多数の人がハマります。日本の場合、それにハマりたくない人は、黙って辞めていってしまうからです。

ムラ社会の歪《ゆが》みが引き起こした巨大な粉飾が顕在化した最初の事案は、私が産業再生機構で再生を担当したカネボウ事件だと思っています。そして、あの時、いわゆる〝立派な会社〟や経営者の間ではどんなことが言われていたか。

経団連でも、同友会でも、カネボウの話をすると、それを聞いていた当時の経営者の多くが「富山さん、カネボウは特殊だよ。経営者が特殊だったんだ、我が社は違う」と言っていました。でも、それから20年もしないうちに、そう言い張っていた〝立派な会社〟が粉飾の当事者になってしまったのです。

社会の規範よりも、半径5メートルの同調圧力が勝ってしまう。そういう共同体の危うさが、日本企業には間違いなくあるのです。そしてこれは、極めて再発性が高い。その認識をしておかないといけないのです。

ムラ社会に選ばれた社長はムラ社会の空気を最優先する

日本企業は、不祥事の対処にしても極めて甘いことが多い。それこそ不祥事の首謀者は、共同体の中では、ある種の善意で行動していたりします。動機は善意だけれど、行為は悪だった、ということです。

こういう時、経営トップがやってしまいがちなのが、執行猶予をつけてしまうことです。「本人たちには悪意はなかった」と解決してしまう。「会社のためを思ってしたことだから今回は大目に見よう」となる。

しかし、これは絶対にやってはいけません。執行猶予をつけてはいけないのです。動機が善意であろうと、結果が邪悪であれば罰しないといけないのです。

例えば、セクハラ、パワハラへのペナルティがこれだけ厳しくなっている時代でも、わかっていない日本企業は少なくない。役員会で昔の価値観に基づいて「いや、このくらいなら罰する必要がないでしょう」などとやってしまう。いちいち懲戒処分にするより、まわりの人間が「ちょっといい加減にしろよ」と言ってやるような社内のプラクティスをつくるほうが大事だ、といった話のすり替えになる。

しかし、これは違うのです。とりわけグローバル企業においては絶対にやってはならない。同じことが日本企業のアメリカの拠点で起きたら、集団訴訟に発展し、企業の存続が危ぶまれることになる可能性すらある。

必要なことは、一罰百戒です。そうすることで、「ああ、あの事案で懲戒免職なんだ」と社内は震えあがる。こういう厳しさが、社内に規範を生んでいく。共同体ではない目線からの規範です。

これは、セクハラ、パワハラに限りません。すべての問題が同じ。執行猶予を絶対につけてはいけないのです。それこそ、これもまたムラ社会の罠です。

そしてムラ社会の経営者は、何かを決めたり、判断をする時に、企業全体の空気を読んでしまいがちです。なぜなら、それが上手だったから偉くなったのです。

不祥事の問題に限らず、事業撤退などのシビアな意思決定をする時ほど、経営者がみんなの空気を読んでしまうことは多々あります。

だから、カネボウは繊維から撤退できなかった。シャープは液晶から最後まで撤退できなかった。カネボウはずっと繊維事業が赤字でした。シャープも液晶事業はずっと赤字なのです。他の大手電機メーカーも同じです。軒並み赤字なのです。もう10年以上、誰も儲かっていなかった。工場設備や人件費という重たい固定費を抱えながら自分でつくったところで、儲かるはずがないのです。

最近になってようやく、日本で工場を持たないファブレスが注目されています。しかし、ファブレスの議論などというのは、20年前からあったわけです。台湾のホンハイが台頭してきたのは、そのためです。それこそアップルは、最初からファブレスをやっています。

戦略論としては、どちらかしかないのです。ファブレスにして、マーケティングやデザインでメシを食うのか。それとも、自分でつくりたいならホンハイのように世界最大のＥＭＳになるつもりで、モノづくりを続けるしかなかった。どっちつかずで、ずっとやってきたことが今の事態を招いたのです。

決められなかったのは結局、会社の中の空気を読んでいるからです。社長はKYにならないといけないのです。有能かつKYになれる社長を選び、その果断な決断を支えることこそが、日本型ガバナンスの要諦《ようてい》です。これまでのような内部の同質的なメンバーだけで取締役会をやっていてはダメなのです。

「さよならOB」を決断しないとムラ社会から脱却できない

共同体は、経営にも大きな影響を与えます。実際、ムラ社会の社長が恐れるのは、波風が立ってしまうことです。社内闘争が起きること、社内の和が乱れることを恐れる。

共同体の中に調和が存在することが、すべてに優先してしまう。だから、経営判断や経営行動の意思決定には、共同体の和を壊さないという暗黙の前提がある。その中で戦略行動を取ろうとしてしまうのが、ムラ社会企業の経営なのです。

当然、戦略的選択肢は狭くなる。「聖域なし」などと言いながら、実際には「聖域だらけ」になる。今でもそれは変わりません。結局、経営者がそこに手を突っ込むことで、自分の社内政治力を消費してしまうことを恐れるのです。下手をすると、自分の地位も危うくなるから。

大企業の経営トップは、「ＯＢも含めた会社」という大きなコミュニティの総意に基づいて、トップにいるような状況にある。だから、その人が祖業に手を突っ込んだり、伝統的な事業から撤退する、といったことを言い出すと、ＯＢ含めて周囲から総攻撃に遭うのです。「何を考えているのか」と。

そして祖業や撤退部門に属している社員が、ＯＢに泣きつく。ＯＢは「今の社長はおかしい」などと言い出し、そこから、週刊誌にたくさん書かれはじめたりする。ＯＢというのは、恐ろしい存在です。

ところがＯＢに悪意はない。むしろ正義の気分で行動しています。しかし、頭の中は完全に古いままで硬直化してしまっている。昔の思い出の中に生きている。そういう人たちが、今のリアリティを理解できているはずがありません。必ず「昔は良かった」症候群になる。

ソニーなど、その象徴的な例でしょう。ＯＢが今のソニーに物申す、というウェブの連載が人気を博していましたが、とても見られたものではありませんでした。〝ソニーらしさ〟とはいったい何なのか。この人たちの言う通りにやったら、ソニーはつぶれていたと思いました。

ウォークマンがヒットしていた時代で、時間が止まってしまっているのです。今の20分の1ほどの規模のソニーのイメージで話をしていたりする。今はケタ違いに大きくなり、新しい組織に変わっているということが前提になっていない。

そしてこの記事が人気になったのは、これまたサラリーマンのメンタリティを示していると思いました。「昔は良かった」という共同体のノスタルジーです。その象徴としてのソニーの姿を見ている。

しかし、若い世代には、ソニー幻想などありません。今のソニーのメシの種は、CCDをはじめとするBtoBビジネスです。私は今のソニーはまったく正しいと思っています。とても頑張っている。

古き良きソニー時代の共同体の中、時間が止まってノスタルジックな発言をしている人たちの言うことなど、聞く必要はありません。今から未来に向かった、本当の意味での未来志向のリアリティはもうなくなっている人たちだから。

だから、「さようならOB」です。そもそもOBは、今の会社には関係のない存在なのですから。

ムラ社会が過剰に膨張すると、最後には社員を殺す

では、共同体、ムラ社会の危険性から逃れる方法は果たしてあるのか。実際には、うまくいっている会社は、うまく乗り越えているのだと思います。

例えば、ある種の疑似アメリカ型にしてしまうパターン。強烈かつ有能なトップが長年、君臨して指揮を執る。オリックスやダイキンが象徴的な例でしょう。圧倒的な権力者がトップにいるので、サラリーマン共同体型の病にはなりにくい。

もちろん先にも書いたように、強烈なトップがいることは、脳腫瘍という問題も抱えています。トップですべてが決まってしまうから。かつてのダイエーなどが、このケースでした。

しかし、ダイキンにしてもオリックスにしても、歳を取っても経営者が極めて冴えている。だから、何の問題も起きていないのです。

あれだけ圧倒的に有能だと、追い落とそうという人も出てこない。圧倒的で有能な君主に仕えているのは、部下としても楽しいからです。それこそ、部下はややこしいことを決めなくて

もいいわけです。皮肉なことにオリックスの宮内義彦さんをはじめ、こういう経営者ほどガバナンス改革に熱心です。問題の構造をよくわかっていますから。

そして次のパターンは、きちんとしたガバナンス構造をつくっている会社。ヤマト運輸やオムロンなどは、カリスマ経営者が引いた後、近代的ガバナンス体制を構築してきた会社です。だから、長期的にとてもうまくいっています。

何より恐ろしいのは、共同体の半径5メートルの規範です。これが、ガバナンスだけでなく社会的規範までも凌駕《りょうが》してしまう危険があるからです。

そのためにも、共同体の中で共通の期待感を生み出す仕組みを壊しておいたほうがいい。「このまま行けば取締役にはなれそうだ」といった具体的な期待感を持ちはじめてしまう40代後半くらいからが特にアブナイ。半径5メートルに閉じこもって波風立てないことを何より大事にするようになる。

共同体がある種の予定調和的な未来を描いているのに、ガバナンスを効かせようと外部の第三者を役員で迎えたりすると、大きなストレスが共同体全体に生まれます。共同体は擬人化していて、異物が入ってくると、それを排除しよう、反発しようという免疫的な反応が起こるのです。生態系として閉じた、生物に近いような組織DNAを持ってしまう。

このDNAそのものは企業という人間集団で仕事をやっていくうえでは必要なものですが、

問題点は、日本型のカイシャ共同体がすでに近親婚を繰り返したような生き物に近くなっていることです。似たような学歴の、新卒一括採用の、生え抜き日本人男子による同質的な集団が代々続き、遺伝子が純化されてしまっている。環境が変わった時には、適応できないのです。

高度成長が始まった頃は、日本企業はここまで同質化していませんでした。戦争でメチャクチャになり、どの会社も社内に多様性があったし、年功制も確立していませんでした。経営者もどんどん横に動いていた。石坂泰三だって土光敏夫だって、いろんな会社の社長をやっていた。みんな、それが当たり前だと思っていたのです。

ところが、高度成長の半ばくらいから異常な純化現象や同質化現象が始まりました。その日本型共同体モデルの最全盛期が、バブル期です。社用族が、会社のお金で夜中まで遊んでいました。言ってみれば、みんな舛添前東京都知事だったようなものです。税金だろうが、会社のカネだろうが、お金を流用していたのは同じですから。

そういうことをやっていた時代がピークで、以降、共同体の仕組みは、世の中の経済環境や世界の環境と合わなくなって衰退していく。そこから、このシステムの持っていた病理が、だんだん出てきたのです。

では、従来型の過剰に膨張した共同体モデルから、会社の形を変えるにはどうすればいいか？　少なくともいえることは、年功序列はやめること。大企業なら遅くても35歳までで、あとは入社年次はまったく無関係にシャッフルする。そうすることで、予定調和的な期待も生まれなくなる。年下上司に仕えることにも早くから慣れる。そうすれば、おかしな同調圧力も減るでしょう。

組織の中では、多様性をつくったほうがいいのです。年功制というのは、年齢的な多様性の否定です。だから、ボードメンバーがほぼ同じ世代になってしまう。別に、30代のボードメンバーがいたっていいじゃないですか。

そして、ひとりひとりの社員は、しっかり倫理と照らし合わせて自問自答する。自分のやっている仕事を、胸を張って社外に「私はこんなことをやっています」と言えますか、と。言えなければ、共同体内の行動規範だけで動いていることになります。

三菱自動車も、前回のリコール隠しが発覚した時に、「この際、みんな隠していることはすべて出せ」と確認したはずなんです。でも、「こんな大変な時に、新たな不祥事を本当に告白して大丈夫なのか」「犯人にさせられるんじゃないか」っていう空気が漂っていたんでしょう。つまり誰も本当のことは言わない。

そして最後に待っているのは全体責任。「みんなで死のう！　一億総玉砕するんだ」と共同体が強制を始めます。

共同体の危ないところは、最初は所属している人たちの顔が見えているリアリティのある中で、頑張っていこう、となっているのに、だんだん共同体そのものが抽象的に膨張していくことです。これがかつて、日本では国家単位で起きたことです。

共同体は、人間が生きていくうえでは必要なものですが、ひとつ間違えて過剰に膨張すると、逆に人間を殺すのです。これは人類史の常識です。リーダーをやっている人、やろうと思っている人は、このくらいの教養を持ってもらわないと困ります。

日本企業が高度成長期から築いてきた過剰共同体、同質的な共同体モデルは、もう通用しないのです。本気でやらないと、やがて滅んでいくしかありません。私はそう感じています。

症例1

ムラ社会型共同体の典型例。日本相撲協会

日本相撲協会というのは、まさにムラ社会型共同体の典型例といっていいと思います。協会は、力士として相撲の現場に携わった人たちが構成します。純粋培養的に育った人たち。別の言い方をすれば、他の世界を知らずに、この世界だけで生きてきた人たちによる、完全なムラ型の序列社会なのです。

問題が起きた時、対応が後手後手に回ったり、いともあっさりと厳しすぎる結論が下ったりするのは、ムラ型組織がはまりやすい落とし穴に落ちた典型的な例といえます。

誰もが同じ世界を見て育ってきたムラ型組織は、多くの事柄が暗黙のうちに組織内で共有されます。「これはこういうもの」と、わざわざ説明しなくても理解しているという前提で、物事が進められます。ところが、それでは解決できない不測の事態が起きた時、組織は迷走を始めるのです。

横綱の品格問題がよくいわれますが、大相撲はずいぶん前から、構造的な問題を抱えていました。新弟子がなかなか入ってくれない。厳しく、激しい修業に耐え、少しずつ番付を上げ、出世した後に大きな称賛と報酬を得る仕組みに、豊かな時代の子供たちは魅力を感じなくなりました。かつての貧しい時代ならいざ知らず、今やお金を稼ぐ道は他にもあるわけです。

しかし、それでは大相撲が成立しない。そこで取り入れられたのが、外国人力士の採用でした。ところが、違う世界で育ってきた外国人には「暗黙の了解」は通用しません。上下関係ひとつとってみても、モラルの基準はまったく違う。最高位の横綱の条件のひとつを〝品格〟などという曖昧《あいまい》な言葉で片付けている状況では、何をどう守っていいかわかりません。具体的にどういう行動が評価され、何がいけないのか、明文化されたルールブックがないのです。

するとどうなるかというと、ムラに満ちる空気で決めることになる。あるいは、村の外に広がる空気に左右されてしまったりする。しっかりとした判断の基準がないがゆえに、一貫性のない行動に出てしまったりするわけです。

本来ここで必要なのは、明文化された原理原則を理解したガバナンスであり、市場原理という外部市場からの圧力です。しかし、相撲協会には両方ともが欠けていた。普通の人が仕事をしている時間帯に競技がある、というだけでも、相撲がいかに普通の感覚とは違うか想像できるでしょう。

もちろん、江戸時代からの伝統文化を守っていくのは大事なこと。しかし、守るためには、実は変わっていくことも必要です。放っておいても守れた時代は良かった。しかし、今はそうではない。

純粋培養型組織の特徴は、変化や転換に脆《もろ》さを露呈することです。そして多くの場合、リーダー選抜を誤りやすい。外で戦うためのルールではなく、仲間内のルールでリーダーが決められてしまう。例えば、現役時代の神話性からリーダーが選ばれる。ご褒美感覚で選ばれてしまう……。しかし、プレーヤーとしての優秀さと、マネジメントとしてのそれはまったく別物です。とりわけ転換期には、戦闘指揮官として有能かどうかをシビアに判断しなければ、組織そのものが危機に瀕します。リーダーに問題があるのではなく、リーダーの選び方に問題があるのです。こうしたリーダー選びの考え方は、日本社会ではかなり遅れています。

純粋培養型の傾向が見える。リーダー選びが正しく行われていない。転換期が来ている。そんな組織は、特に注意が必要です。

症例2

「攻めながら守れ！」と無理を言う〝弱い〟社長が現場を不正に走らせる

競争原理が働かない「官の世界」には、腐敗はつきものであると断言してもいいと私は思っていますが、競争原理が働く「民の世界」でも腐敗は起こり得ます。そしてその鍵を握っているのは、間違いなく企業の経営トップということになるでしょう。

経営者の腐敗問題に関しては、経営者としてというよりも、人としての資質そのものが問われるところに、その難しさがあります。例えば、経営トップの異常な強欲。これが、〝コンプライアンスは後回し〟という風土を組織内につくってしまう危険性を秘めている。

起業を成功させるという難しいチャレンジにおいては、経営トップの欲望は大きな原動力にもなり得ます。しかし、それが行きすぎてしまうと、腐敗につながってしまうのです。

特に新興企業の経営トップが足をすくわれやすいのは、「カネ」「異性」「虚栄心」の3つへの執着でしょう。このうちふたつ該当したら、かなり危ないと思っていいかもしれません。実際にこの10年、経営トップ自身が逮捕されたり、窮地に追いやられた新興企業を思い浮かべてみてください。

企業の腐敗では、経営トップが直接手を下したのではなく、部下が自ら手を染めてしまうケースもあります。例えば、社員による横領などがそうですが、これはそれほど根深い問題ではありません。私腹を肥やそうとした社員ひとりの問題だからです。

危ないのは、会社ぐるみ、組織ぐるみで正しくないことが行われてしまうことです。赤字決算を糊塗《こと》するための不正経理や不正取引は、その典型例。これは、社員が会社を守るために、やむにやまれず無理をしてしまう。「この数字を改ざんすれば会社が守れる」などと考えてしまう。

しかし、こうした社員による腐敗を引き起こすのも、やはり遠因は経営トップの問題です。現場の社員が難しい板挟みや厳しい葛藤に追い込まれるような状況を経営トップがつくったからこそ、腐敗は生まれるのです。弱い経営者というのは、得てしてそういうことをしてしまう。「攻めながら守れ！」「タマは使わず攻めろ！」。そんな矛盾したことすら、平気で言ってしまう。現場が悩むのは当然のことです。

そもそも人間は弱い生き物です。苦労を重ねてきた人でも、〝上げ膳据え膳〟が続くと、それが当たり前と思うようになる。「もっともっと」と期待してしまう。自分が本来の力以上に「大きな存在になった」と勘違いしてしまう。しかし、そこで、ハタと立ち止まれるかどうか。とりわけ株式を上場している企業のトップは公人と言っていい存在。その言動には本人が思う以上に気をつける必要があります。

昔の経営者だって、とんでもない豪邸に住んでいたじゃないか、と言う人もいます。蓄財に励んでいたじゃないか、妾のひとりやふたり囲っていたじゃないか、と。ただ、それは昔の話です。今はルールが変わったのです。そして今のルールをつくっているのは、世の中の人の心です。人の心は、簡単に変えることはできないのです。

症例3

アップル、ネスレ、イケアが好例。〝体臭の強い会社〟が世界を制す

グローバル化しないと生き残れない、という時代背景もあるのだと思います。楽天やファーストリテイリングなど「英語を社内公用語にする」企業が一時期話題になりました。社内に危機感を与えるショック療法的な意味合いは理解できますが、そこには大きなリスクも潜んでいます。英語化の意味することが、脱日本や日本的なるものの否定だとすると、結果として企業を〝無色透明〟化し、競争力の源泉となっている「その企業らしさ」まで消し去りかねないからです。

考えてみれば、世界で通用している会社というのは、むしろ発祥の地の匂いが強い。コカ・コーラはアメリカ南部の匂いがするし、アップルはシリコンバレー臭が極めて強い。ネスレはスイス臭いし、シーメンスはドイツ臭い。フィリップスはオランダ臭いし、イケアはスウェーデン臭いでしょう。

逆に、その体臭が薄まった結果、世界的な競争力を弱めてしまった会社もあります。かつては世界的なブランドを誇った日本の電機メーカーはその象徴かもしれません。企業の〝体臭〟というのは、極めて大切なのです。その企業のアイデンティティを薄め、無色透明に近づけ、国際化に成功した会社というのを、私はひとつも知りません。

それはスポーツを見れば一目瞭然。だいたい日本人がブラジル式のサッカーをやろうとしても、うまくいかない。勤勉な日本人に合ったサッカー以外で、世界では戦えない。また、日本では絶対的4番打者だった野球選手も、アメリカに行けば中距離ヒッターです。世界で成功しようと思ったら、自分自身を顧みたうえで、どうやったら通用するかを考えるべきであり、外国人や外国企業そのものになろうとすることではないのです。

実際、世界で大きく成功している日本企業も、極めて〝体臭〟の強い個性的な企業が多い。コマツ、ブリヂストン、キッコーマン、日本電産……。これら世界でグローバル企業として評価されている企業が、果たして英語を公用語にしているかどうか。日本人同士で話すなら日本語でいい。長く世界で成功している会社は、使用する言語になど本質はないことをよくわかっています。

結局、日本人であることや、日本でその会社が発祥した歴史・沿革からは、自由にはなれないのです。ならば、そのDNAを生かすべき。〝体臭〟を徹底的に活用すべきなのです。そして大事なことは、その〝体臭〟の使い方は、時代や環境によって変わっていくべきだということです。日本の戦後の奇跡の成長は、その〝体臭〟の使い方が正しかったからです。しかし、〝型〟は本質ではありません。戦前の日本は欧米の帝国主義を真似て失敗しました。今、行うべきは、今の時代、今の環境に合った〝型〟を見つけること。それも〝体臭〟を生かしながら、です。

ファーストリテイリングの柳井正さん、楽天の三木谷浩史さんはいずれも素晴らしい創業経営者です。こんな話は、百も承知のうえでの経営判断のはずですし、創業経営者自身が企業の体臭をつくっているので、当座はあまり心配いりません。しかし、本当の課題は、その体臭を時空を超えて持続できる企業組織の強みにすることのほうなのです。

症例4

ブリヂストンやコマツが圧倒的に強いのはなぜか？

日本の製造業の苦境が長引いています。「日本の製造業は終わりだ」などという声もある。しかし、本当にそうなのでしょうか。

日本にはニッチ分野で世界シェアトップを誇る会社も少なくない。例えば、工作機械関連のファナックは、営業利益率が実に4割を超えていますし、ウシオ電機は産業用ランプで世界シェアトップです。

ニッチな企業だけではない。大企業でもブリヂストンやコマツのような高収益企業がある。製造業をわかっている人から見れば、日本は今なお、圧倒的な製造業大国なのです。

しかし、実際に苦しんでいる会社があるのも事実。では、何が違うのか。やるべきことをやっていないのです。儲かっていない事業をたくさん残してしまっている。

これだけの競争時代には、猛烈なスピードで新陳代謝をしないと取り残されます。どこで勝負するのか、はっきりさせないと。ブリヂストンもコマツも、いくつかの領域でダントツの強さを持っている。それができたのは、早い段階から強力なライバルとの厳しい競争にさらされ、鍛えられてきたからです。コマツはアメリカのキャタピラ社と、ブリヂストンはピレリとの熾烈《しれつ》な競争を乗り越えてきた。

日本の製造業の強みは、安くて良質な労働力が国内にあったことです。中進国の段階では、この強みを漫然と使っても成長することができた。しかし、もうそんな時代ではない。奪い取ったビジネスは必ず奪い取られる。今、後進国に奪い取られているのは必然のことです。

しかし、悲観的になる必要はありません。例えば、国内マーケットにはまだ大きな潜在力がある。住設機器のような、国によって特殊性がある業界は、いくらグローバル時代といっても海外メーカーはそう入って来られない。逆にそこに気づき、外国メーカーを買収して、その地で事業を拡大していく戦略を採る、リクシルのような企業も出はじめている。

事業の〝選択と集中〟には国内雇用の問題が常につきまといますが、では、そのまま儲かっていない事業を維持したところで雇用も維持できるのか。実際には、儲からない事業を捨て、儲かる事業にフォーカスすることで、競争に打ち勝って成長を遂げた企業のほうが、国内雇用も増やしています。どちらが本当に雇用を守ったといえるのか。

これから製造業が目指すべきは、得意のすり合わせや蓄積技術がモノを言う領域で、スモール・バット・グローバル・ナンバーワンの事業を積みあげていくことです。それが結果的に雇用を守り、さらに拡大させていくことになる。お手本はすでにたくさんあるのです。また、そういうマーケットには、ザッカーバーグのような起業家が突然登場することもないし、まだまだ技術的には課題のある中国や韓国の企業も入って来られない。

情理ではなく合理で判断する時期が来ています。それこそ、「いつやるか、今でしょ」なのです。

症例5

海外買収を成功できない日本企業の本当の原因

振り返ってみると、日本の海外企業の買収は死屍累々《ししるいるい》です。成功例は少ない。最大の要因は、経営モデルの違いです。

日本以外の国の多くの株式会社は、強いリーダーシップのトップダウンモデル。一方、日本はボトムアップでコンセンサスを重視する会社が多い。買収した海外の会社の決定が、日本でずるずる先延ばしにされたり、誰が責任者かわからないような中で曖昧な決断がなされたり。これでは、海外の優秀な経営者も思うような経営ができなくなります。

さらに、陥りがちなのが「買収した会社とシナジー効果でお互いにメリットを」という幻想です。経営モデルがトップダウン型vsコンセンサス型と真逆のままなら、それは無理な話。オペレーションは任せて黙って株主をやっていたほうがよっぽどお互いに幸せです。

日本企業は変わっていくしかない。実際、ブリヂストンやダイキンなど、海外で買収を成功させている日本企業はトップの顔がよく見える会社です。こうならないと海外での合併でもうまくいかないということです。

ところが、こんな声が止みません。「日本人には日本の経営モデルが合う」「合議制や長期志向こそ日本の文化」「生え抜きや年功だから、やる気が出る」。しかし、何を根拠にそんなことを言っているのでしょうか。

名経営者といわれた土光敏夫や石坂泰三は生え抜きだったでしょうか。今のような日本的経営モデルが一般化したのは、高度成長以降のせいぜい30年ほどにすぎません。江戸時代という安定期に、徳川家を頂点とする独特の封建的統治機構がうまく働いたのと同じ。もっとも一般の領民にすれば、頻繁に国替えがあったため、殿様など誰でもいいと思っていた時代ですが。

今、日本企業が巻き込まれているのは、世界を舞台にしたグローバルな〝戦国時代〟です。だから、日本モデルは途端にワークしなくなった。経営力の弱さから多くのリストラ犠牲者が出ました。これは昔でいえば、殿様がひどいから領民が飢え死にしてしまったのと同じです。

日本企業は二十数年間、試行錯誤を積み重ねてきましたが、所詮は〝アプリケーション〟をいじってきただけでした。成果主義を入れたり、委員会設置会社を入れたり。しかし、問われているのは、組織の〝OS〟そのものを変えることです。一番触りたくなかったものを、変えなければいけない時代になった。

人材がいなければ、優れた経営者を外部から招けばいい。実際、資生堂や武田薬品などは着手しています。飢え死にするよりも、余程ましでしょう。人事や評価の体系も、居心地のいい仕組みから変わらないといけない。合議や年功序列などにこだわっていたら、攻め滅ぼされてしまう。

大変なチャレンジかもしれない。しかし、明治維新に比べたら大したことはありません。そしてアメリカも、日本に追い詰められて、サラリーマンモデルから変貌しました。日本にも、待ったなしの時期が来たのです。

症例6
朝日新聞とスカイマークでわかる、「会社がつぶれる原因は不祥事ではない」

ベネッセ、日本マクドナルド、東洋ゴム……。企業が起こす不祥事について、たくさんの報道が行われました。しかし、事件自体に関する議論は、多くの場合、本質的ではありません。

実際、不祥事自体で会社がつぶれることはあまりない。つぶれるのは、事業の本質的な経済構造の背骨の部分に穴が開いた時。朽ちていってしまう時です。しかし、この背骨が脆くなっていった時に、その現象のひとつとして不祥事が起きる場合がある。

ところが、メディアは不祥事という事件そのものに引っ張られてしまいがちです。その裏側にある本質的な根本原因を探るところまではいかない。

例えば、朝日新聞の従軍慰安婦をめぐる誤報問題。新聞社の背骨である思想的主張が根本原因だと考える人がいますが、そうではないと私は思っています。

問題の本質は、サラリーマン組織である日本の大手メディアに共通する、ジャーナリズムの中空化です。ジャーナリストとしてのプロフェッショナリズムよりもサラリーマンの論理が優先すると、会社の空気を読みながら、記事を書く。その組織で一面トップを取るには、どんな記事を書けばいいのか。こういうところから、やらせ報道や誤報が生まれます。

空気を読むのは上層部も同じ。記事が大きな国際問題を引き起こしてしまっても、組織人としては、今さら「違っていました」と言い出すのは難しい。朝日新聞をはじめ、終身年功型のサラリーマン（似非《えせ》）ジャーナリストが中心の組織では、この傾向は顕著になります。

当然、この問題の本質に大手メディア自身が迫ることはありません。

一方、以前から経営上の背骨の部分に穴が開いていたのに、破綻するまでそこがまったく報じられなかったのが、スカイマークでした。

航空会社の本質的なメカニズムは、稼働率商売です。それ以上でも以下でもない。要はマジメにコツコツやることが大事な商売。実態は、空飛ぶバス会社なのです。

実のところ、バス会社以上につまらないと私は思っています。バス会社はもっと路線を自由に選べるからです。しかし空港が限られるエアラインは、発着枠も路線も、役所が決める。そこで勝敗のほとんどが決まってしまう。

その意味では、競合からは垂涎《すいぜん》の発着枠と路線を持っていたスカイマークは、黙って東京〜福岡間を飛ばしていれば良かったのです。なのに、ワケのわからないロマンのようなものを持ち込もうとして拡大路線を取った。メディアもそれを後押しした。どうにも航空会社にロマンを持とうとする人が多すぎます。

しかし、客室乗務員がちょっと短いスカートをはいたところで、忙しいビジネスパーソンたちは、わざわざ出張の予定を変えたりはしません。そんなことよりも、便利な時間帯で、安全確実、リーズナブルに飛ばしてくれたほうがいい。それこそ、エアラインの経営者に求められるのは、実直マジメに公共交通機関の運営管理責任者として一生懸命やってくれる人です。これが背骨です。

ニュースに接する時には、本質を常に見ていく必要がある。そうでないと、物事を見誤ってしまいます。

2章

世の中の変化についていけない企業が陥る病

先のない事業に「すぐに復活する」としがみつく体質が病を招く

人間は、見たい現実を見たい生き物です。これは、まさにカエサルの言う通りでしょう。人間の本性。放っておいたら、見たいものしか見なくなる。だから、そう思って経営者は経営をしないといけないし、社員は仕事をしないといけない。

みんな変わりたくないのです。例えば、テニスひとすじで生きてきたとする。ところが、20年もやってきて、急にテニスが廃れるとわかった。このままでは食えない。そういえば、子供の時はサッカーだった。じゃあ、サッカーに転向しよう……と思えるかどうか。

それこそテニスなら、世界ランキング100位だけど、サッカーは小学校でちょっとうまかったくらい。同級生はもう代表選手になっている。そこでサッカーに転向することを考えられるかどうか。「すぐにテニスは復活する」と思いたくなるものなのです。転向は、大きなストレスだから。

これはビジネスも同じです。なんとなく衰退しているとは思っている。気づいている。大事なことは、変化が起きているという認識から、それに合わせて自分の行動に落とし込めるかどうか。「テニスは廃れる」と思っていても、「じゃあサッカーをやろう」と思えるか。実際には、そんなに簡単ではないでしょう。

しかも、高年俸を捨ててまで。それを捨てて、明日からサッカーの練習を始められるか。とりあえずテニスで引っ張ろうとするでしょう。テレビをやってきた人が、今さらネットビジネスに移れないのも同じことです。

見たい現実を見るというのは、もっと正確にいうと、見たい現実に従ってしか人間は行動できない、ということです。だから、世の中の変化についていくというのは、簡単ではないのです。ましてや組織になると、もっと不器用になる。

しかし、長きにわたってうまくいく人は、自分を変えていく。ストレスに対する耐性が高いから。「サッカーやっちゃおうかなぁ」と考えて、実際にやってしまう。もしくは、「サッカーは無理そうだけど、これから流行りそうなやつとか、まだ競争がないやつとか、探してみよう」とフェンシングを始めたりする。これができる人がいるのです。

日本人は変化耐性が弱い、というのは事実だと思います。基本的には農耕型で共同体をつくって生きてきた。だから余計に難しい。狩猟型であれば、自分ひとりの判断、自分の行動だけで済むけれど、農耕型だとそうもいかない。しかも、扶養家族もぶら下がっている。

共同体には、新卒で入ったばかりの赤ん坊もいます。ぶら下がって食べている人もいます。そこで「もうこれからはいっさい、モノはつくりません。ファブレスカンパニーになります」と言った瞬間に、「去年入った生産分野の若手社員はどうするんだ。仕事がなくなる」などということになる。

それで、「とりあえず続けるしかないな」となってしまう。この〝とりあえず〟を10年、20年放置すると危ない。なぜなら、世の中は変わっているから。決断を先送りにしたばかりに、もっとメガな悲劇が起きかねないのです。

だから重要なのは、リーダーの先見性です。放っておいたら、20年後に総玉砕してしまいかねないのが、現代なのです。このまま行ったら危ないと判断し、「しょうがない。ここは耐えがたきを耐え、忍びがたきを忍んで、今のうちから違うスポーツをやろう」と言えるかどうか。そのストレス耐性が問われるのです。

もちろん難しさは別のところにもあります。あまり言いすぎるとリーダー自身が追い落とされてしまう、ということです。抵抗勢力に滅ぼされてしまう。ただ、そうなったとしても結局、20年後に待っているのは悲劇です。

2章

日立と東芝、明暗をわけたものはなんだったか

アメリカでいえば、GEなどは、会社をドラスチックに変えていった象徴的な会社でしょう。ジャック・ウェルチは、ほんわかした共同体的な会社のモデルを破壊してしまった。製造業からメディアや金融にまで広げましたが、今度はジェフ・イメルトが製造業に回帰させようとしている。今もどんどん変えている。それで生き残っている。

会社にストレスをかけてでも、競合他社に勝てる力が通用するフィールドを移していかなければ、今度は共同体が滅んでしまうからです。

日本なら、日立製作所は好例でしょう。一度、死の淵を見てしまった。リストラをやらなければいけなくなった。お金がないから、恥を忍んで世界中から資金調達をして、そのお金でリストラをやった。

お金がなくて、リストラができなかったら、カネボウと同じ運命だったと思います。お金がなければ、リストラはできないのです。あるいは東芝のように、最も儲かっている事業を売ら

なければいけなかった。カネボウだって、あの時は化粧品を売り払って、リストラ費用をつくろうとしたのです。

その意味では、東芝は心配です。見事にカネボウが取った道を歩んでいる。残ったのは、半導体と原子力。いったい、どうするつもりなのか。

東芝と日立は電機メーカーとしてよく比較されましたが、リーマンショックの後に、ポイントオブノーリターンがあったと私は見ています。

日立は思い切ってリストラに挑んだ。これは、川村隆さんというリーダーが偉大でした。あれだけの巨大な硬直した巨艦を思い切り舵を切って動かした。実は彼は一度、子会社に出ていました。言ってみれば、一度〝上がった人〟だった。それだけに周囲の期待感は薄かった。

しかし、一度上がって飛ばされて戻って来た人のほうが、実は思い切ったことをやるものです。伊藤忠の丹羽宇一郎さんもそうでした。コマツの坂根正弘さんもそうでした。子会社に出ていた人なのです。

一度、外に出ているので、客観的になっている。メタ認知を持っているのです。ずっと中にいると、そうはいかない。メタ認知など持つと、共同体の中では生きていけないからです。共同体というのは、「メタな視点から自分の会社を見る」などという視点を否定するからです。むしろ、それを排除しようとする。王様は裸だと言わない約束事でやっているのです。

ところが、一度、外に出た人はそうではない。否応なしに、メタ認知を持つに至る。その視点を生かして、日立も伊藤忠も大きな改革が行われたのです。

さて、一方の東芝はどうだったか。当時の社長は、経団連の会長という名誉職の話もあったので、会社を大赤字にできない状況があった。会社を建て直さなければいけない状況なのに、改革をフニャフニャで終わらせてしまった。

社内闘争がメディアで報じられましたが、出世競争のようなものが生き甲斐になっているのではないか、と想像せざるを得ません。会社の中で上がると、次は経団連。さらなる名誉職を求める。

実際、あの会社の歴代トップはみな、立派な名誉職についています。それが文化なのかもしれません。権力を手に入れるために闘争するのが東芝のムラ社会共同体のカルチャーです。そして、煩悩の強い人が偉くなっていく。

権力闘争している間、会社の建て直しは行われなかった。その結果が今です。昔ながらの共同体モデルがワークするような経営環境であれば、何も問題はありません。みんな楽しくやっている。出世競争だってすればいい。変えろ、などと言う必要もない。

しかし、問題は、周囲は変化していくということです。共同体が滅んでしまうような時代に、同じことをやっていたら危ない。

気づけば、戦国時代が来ていたのです。まわりの環境が変わってしまった時、どうするか。フニャフニャやりながら、まわりから攻められて皆殺しになってしまうのがいいのか。ほんわかモードを切り替えて、ちゃんと生き残っていこうぜ、となるのか。

当然、経営者がやらなければいけないのは、後者だったのです。

昔のソニーは良かった？ああ、そうですか。

大きな会社はなぜ変われないのか、という議論があります。日立の川村隆さんのように〝上がって〟から戻って来て大改革者になる可能性はあります。ソニーの吉田憲一郎副社長も、それに近いひとりだと思います。やはり吉田さんも一度、出されています。平井一夫社長は、そもそもソニーでは完全な傍流の出身です。

新たに共同体に入る時には、みんな新鮮な気持ちで会社の行く末を考えています。ところが、10年、20年もすれば、だんだんと共同体の水に慣れ、同じ考えになっていく。

その意味では、まだ共同体に慣れていない若手に改革を期待するのも、ひとつの方法かもしれません。ただ、巨大な組織を、権力も何もない若手が動かすのは難しい。むしろ、力を手に入れようとして、今のゲームに合わせざるを得なくなる。共同体にどっぷり漬かってしまうリスクがあるということです。

ただ、会社を変えていく時、比較的若い世代の中に、妙なノスタルジーを引きずっている人が少ない、というのは大事です。確かにこの若手たちの力だけでは何も変わらない。だから、川村さんのような権力を握った〝出戻り〟たちが、一番変わりたくない中高年の人たちをサンドイッチ構造で挟み撃ちしてガラッと変えていく、というのは、あり得ると思います。

だからといって、ノスタルジックな人たちが大好きな昔のソニーが戻ってくるのかといえば、それは違う。昔のキラキラしたソニーのような会社をつくりたい人は、今の時代はベンチャーをやっているからです。

日本の経済社会についての議論の馬鹿さ加減は、「ソニーがかつての革新力を失っている」と嘆いたりすることです。あるいは、「ホンダがそういう力を失った」と嘆く。しかし、それはまったくナンセンスです。

GEだって、昔はイノベーティブな会社でした。エジソンがつくった会社なのですから。マイクロソフトもそうでした。しかし、今はどうでしょうか。

所詮、会社などというのは、アメリカであってすら、でかくて古くなったら、イノベーティブではなくなるのです。常にその時代のイノベーションを起こしてきたのは、新しい若い会社なのです。

これは日本も同じ。明治維新の時から、ずっとそうでした。だから、ソニーやホンダが革新力を失ったことが問題なのではなくて、「どうして第二、第三のソニーやホンダが出てこないのか」ということこそが、問題の本質なのです。

日本の経済ジャーナリズムの論点は、完全にずれているのです。昔のソニーは良かった。あ あ、そうですか、でおしまいです。それを言ったら、日立だってアントレプレナーの時代があった。どんな会社も、最初はそうだったのです。

アメリカの株式市場で時価総額ランキングを見てみるといい。アップル、グーグル、フェイスブックなど、メインプレーヤーは20年前と大きく入れ替わっています。ヨーロッパだって、入れ替わっています。ところが、日本はどうなのか。

日本の入れ替わらなさは、文字通り、異常なほどです。いや、入れ替わっていなくても、日本の企業が相変わらず世界で勝っているのであれば、問題はありません。そうじゃないわけです。負けているのです。どんどん「フォーチュン500」から消えているのです。

これは、明らかに新陳代謝が起きなかったことが敗因です。日本発の「グローバルベンチャー」は、実はひとつもない。このことに気づかなければいけません。

本当に優秀な学生は、もう、古くて大きな会社に入って来ない

今のアメリカのメインプレーヤーは、そのほとんどが50年前には、影も形もなかった会社だらけになっています。日本では、ソニーやホンダも創業から70年以上が経っている。

歴史をひもといてみれば、わかると思います。20年以上の歴史を持ち、1000人以上の規模を持つ古くて大きな会社がイノベーティブに生まれ変わった、などという事象があるかどうか。あったなら、私は教えてほしい。歴史上、ひとつもないと思います。アメリカでもないでしょう。

だから、今、存在している会社に期待することは、ナンセンスだと思います。今、存在している会社は逆に、ゼロからイチをつくるというゲームではなく、シェアを高くして、収益力を高めるゲームを推進していけばいいのです。古くて大きい会社は、古くて大きい会社のゲームをやればいい。

もとより、ゼロからイチをつくるのは、本質的にはベンチャーの仕事です。なぜ、日本にグ

ローバルなベンチャー企業が生まれなかったのか？　要するに、ゼロからベンチャー創出をすべき人が、みんな古くて大きい会社に入っていってしまったからです。

しかしこれは、日本の歴史的な体質ではないと思っています。戦後だってソニーとホンダが生まれているのです。新卒一括採用で、古くて大きな会社に入るという社会的同調圧力があったから、入っていただけだと思います。

アメリカだって、'80年代はハーバードやスタンフォードを出た学生は、当たり前のようにIBMのような古くて大きな会社に入っていた。ところが、古くて大きな会社が日本企業の台頭で衰えたことで、マインドは大きく変わっていったのです。大きな会社に入ってしまったら、金持ちになれない。人生の無駄だ、なんとかして自分で始めよう、という空気に変わった。これは日本も同じになってきている。

だって今は会社なんて簡単に起こせるからです。ベンチャーも増えてきた。特に最近は、高学歴インテリ系のベンチャーが増えている。東京大学の最も偏差値が高い理系の研究室の学生は、当たり前のようにベンチャーを自分たちでつくる。あるいは先輩がつくったベンチャーに入る。もっといえば、アメリカに留学して、向こうで起業してしまったりする。

いいことだと思います。大事なことは、どうやって優秀な学生が古くて大きな会社に入らないようにするか、だと私は思っています。これは、国の政策として、とても大事なことです。

アメリカは、結果的にこれをやったのです。日本の大手企業の方々から、「トップオブトップスの学生が採用できない」と嘆きが聞こえてくることがありますが、私は結構なことだと思っています。そういう才能が何かイノベーティブなことをした時、一緒にビジネスをしていけばいいのです。それが、大きな会社の役割です。

症例7

国産旅客機が成功できる状況はとても限られている

自動車産業で世界一になったモノづくりの国だから、きっと飛行機もうまくいく。そんな思いで日本の国産旅客機プロジェクトを眺めているなら、それは非常に危険だと思います。なぜなら同じモノづくりでも、飛行機で必ずしも日本の得意が生かせるとは限らないからです。

日本が得意とするのは「すり合わせ型」とでも言うべき技術。自動車や建設機械が典型的ですが、複雑な機構のメカトロニクスに強みがある。対して、特に中型・大型の飛行機の製造は「組み合わせ型」。組み立てに複雑なメカトロニクスを必要としない。この型では、むしろ欧米に長があるのです。

飛行機の技術は軍需から生まれています。大きな特色は簡単に修理できること。何より戦争で使う。壊れた飛行機が明日飛べるかどうかは、極めて重大な問題です。そこで組み合わせ技術が発展した。例えば爆撃機の機体の一部が破損した。そうすると、破損した部分だけ外して取り替える。すでに第二次世界大戦の時代に、こうした設計思想が生まれていました。

実際、私たちは今、パソコンにマウスや数々のドライブをつないで使っています。このコネクタは飛行機から始まったもの。すべてがハンダ付けされていたのでは修理が大変だったからです。そもそもインターネットや携帯電話の通信技術はアメリカ軍需発が多い。冷戦の終結という平和の配当でこぼれてきた技術が'90年代以降に花開いたのです。

こうして一般化したのが、組み合わせ型の飛行機製造技術。汎用化されたさまざまなパーツを寄せ集め、高度なプロジェクトマネジメントでつくりあげていく。実は日本は、こうしたスタイルをむしろ苦手としているのです。典型的な例は、コンピュータのOSです。汎用ソフトを使って安価に優れたものをつくりあげる欧米企業と、お金をかけてでも丁寧で完璧な独自の手づくりシステムにこだわる日本企業。今なおOSがバラバラのカーナビは、欧米発ならとっくに標準化されているはず。しかし、日本はそれを好まない。いや、得意としなかったのです。

したがって日本が飛行機をつくるなら、すり合わせ型の技術が生かせる方向を模索する必要があります。ボーイングやエアバス社とは異なる新しいビジネスモデルを確立するのです。簡単ではないでしょう。しかし、だからこそ可能性があるともいえます。

そして既存の製造業も気づく必要があります。「組み合わせ型」ビジネスでは、もう世界で勝負すべきではないということに。実際、高収益を誇るメーカーは、パーツそのものをつくったり、パーツの中の部品を手がける会社です。ローム、村田製作所、京セラは代表例。さらにいえば、少量多品種です。単なる組み立てからはもう撤退するくらい考えていい。

もうひとつ気づくべきは、不毛な国内競争はやめることです。家電にしても、もっと分野や商品を絞り込んだほうがいい。各分野国内1社でいい。独占ではないかと言われるかもしれませんが、今の時代に独占禁止法の意味があるのかと私は思っています。たとえ100%のシェアが取れても何年維持できるか。あっという間にひっくり返される時代なのです。実際、コンピュータの世界では、巨大な独占企業をそのままにしたからこそ、まったく違う枠組みから世界を席巻する会社が次々と出てきた。マイクロソフトからヤフー、そしてグーグルへの移行がいい例です。

2章

その意味では、日本の飛行機も、今までとは違う価値観で世界をひっくり返すことを考えないと。眺めるべきは、そういう発想ができているかどうか、だと思うのです。

症例8

アップルがクールでもセクシーでもなくなる日

スティーブ・ジョブズは亡くなっても、アップルの評価はまだ保たれています。今のアップルは、たとえればビートルズというコンテンツからいかにキャッシュフローを引き出すか、という状態にあります。しかし、限界も潜んでいます。これからアップルが苦しくなる分岐点は、「最近のアップルの商品はクールじゃないな」とユーザーが思いはじめること。

クリエイティブで勝負しているB to C産業の強さは、ラグジュアリーブランドを見ればわかりやすい。たとえ創業デザイナーがいなくなっても、天才肌のデザイナーにすべてを委ねることでクリエイティビティが維持されているブランドは多い。重要なことは、優れたデザイナーの発掘と、周囲がその人に全面的に従う体制づくりです。次にアップルに求められるのは、まさにこれでしょう。

もともと'70年代、ＩＢＭが発明したパソコンが、あまりに官能的でない、セクシーでない、とマッキントッシュをつくりあげたのが、かつてのアップルでした。世界は熱狂し、マッキントッシュは大ヒットしました。しかし、技術が練られてくると、競合との差が小さくなり、ユーザーは官能性よりも利便性や機能性で選ぶようになります。当時、結果的に苦境に陥ったのも、アップルでした。今、新しい体制がつくれなければ、過去の苦境と同じことが起きる可能性があります。また、アップルのビジネスモデルも、オープンアーキテクトという時代の流れに逆行していて、ここにも大きなリスクは潜んでいます。

アップルの再生とその後の大きな成功は、綿密なマーケットリサーチによって、戦略的に生み出されたわけではありません。ジョブズという天才、ユビキタスという新しい時代の流れが組み合わさって今がある。これは、他の急成長企業にも同じことがいえます。ネット時代がやってきて、ヤフーの出現でこの領域の勝敗は決したかと思えば、グーグルがやって来て、さらにはフェイスブックがやって来た。これで終わりとは誰も考えていない。今、大きな恐怖を感じているのは、フェイスブックではないでしょうか。自分たちがのしあがってきたプロセスを再びマネージすることはできないからです。

官能性で戦っていくビジネスでは、〝デザイナー〟たる〝王様〟が必須です。創業経営者でなくてもです。しかし、ある官能的センスが支配できる時間的、空間的な広がりはそれほど大きくはありません。

思えばファッションの世界でも、時代、時代に新しい才能が必ず飛び出してきました。エンタテインメント産業も同じです。この世界でクールであり続け、勝ち続けることは、極めて難しいことなのです。確実なことは何もない。そういう世界で、繰り広げられている戦いなのです。

症例9

成功体験の呪縛から脱出できるか？ 40代が重要な鍵を握っている

若者の失業率が世界的に上昇しています。人口増と生産性向上が前提としてつくられた経済モデルのもとで、その前提が崩れてしまっている。結果的に、若者がツケを押しつけられているのです。しかし、このまま若者が疲弊すれば、未来はありません。わかっているのに変われない。まさに民主主義のジレンマです。

日本の労働市場は、世界でも、より硬直的といわれますが、これには理由があります。戦前の日本は、今よりはるかに自由な労働市場があって、あまりに流動性が高すぎたのです。これでは企業内にノウハウも蓄積できず、熟練工も生まれない。その危機感から戦後、家族主義的政策が採られ、そして、これが極めてうまくいきました。

しかし、ある時期にうまくいったことが、永遠にうまくいくわけではありません。これは社会制度しかり、ビジネスモデルしかりです。それぞれの時代の必要性に応じてつくられたものだから。ところが、ある時期を過ぎると、制度の維持自体が目的化していきます。日本的経営は、その典型例でした。日本経済は、成功モデルの呪いから、今なお抜け切れていません。

家電メーカーが苦戦していますが、それは付加価値の高いものもつくれなければ、価格の安いものもつくれないから。例えば、「画像が大事だ」という何十年も前の価値観に今なお縛られて、せっせと向かう。しかし、これ以上の画像レベルを求めている人がどれほどいるのでしょうか。求められているのは、まったく別の価値なのです。

実は、市場が何を求めているかは、頭ではわかっているのです。ところが、その方向へ向かえない。それは、もはや戦うゲーム自体が変わってしまっているから。野球からサッカー、くらいに。優劣の問題ではありません。大リーグの有力選手でサッカーチームをつくっても強くなれないのと同じ論理です。問題は、頭でわかっていても、体がついていかないことです。

成功体験の恐ろしさは、頭を縛るのではなく、体を縛ってしまうことです。では、何が必要なのか。プレーヤーを入れ替えることです。サッカーのプレーヤーをフィールドに入れるのです。成功体験に縛られない、30代以下の若者たちです。

ここで重要な鍵を握るのが40代です。40代を挟むふたつの世代には明らかな断絶があります。育ってきた時代背景と、ITはその象徴です。そしてこの2世代を両方、理解できるのが、40代なのです。

これは私自身の自戒を込めてですが、今の50代、60代は最低の世代だと思っています。70代以上と比べれば全然苦労していない。生きるか死ぬかというギリギリの状況にも追いやられていない。だから勉強もしていない。思考に深さがない。逆に30代以下の若者たちは、時代の荒波に揉まれて苦労して生きて来ました。お気楽な感覚などない。だから、よく勉強もしているし、よく考えている。バッシングを避けるために草食化するしたたかさもある。

50代以上の古い価値観の人たちに荷担するのか、それとも30代以下の若い世代に未来を託すのか。両者をうまくコントロールし、一気に世代交代を推し進められるかどうか。実は40代は、責任重大なのです。

症例10

日本のメーカーが得意な〝中途半端な商品〟は中国で売れない

日中関係の悪化が、中国市場での日本企業の苦境を生んだことがありました。しかし、実は政治的な対立が起こる前から、自動車や電機などの日本の製造業は相対的な存在感を落としていたのです。いずれ市場が成熟すれば実態は顕在化したはずですが、図らずもこういう形で表に出てしまった。

もっといえば、日本の製造業は世界で同じ課題に直面しています。社会構造の変化についていけていないのです。経済成長が中産階級をつくったのは、20世紀後半までの数十年にすぎません。それは、人類史上、珍しい、幸せな時代でした。

今の産業構造では、相当強烈な所得再分配でもしない限り、富を持つわずかな人と、大部分のそれ以外という社会構造にならざるを得ないのです。

その状況を放置した典型例がアメリカです。富が人口の1％に集中している。その事態を避けようと所得再分配に挑んだヨーロッパは、国家財政破綻と高い失業率に苦しんでいます。

中産階級が多い社会になるか格差社会になるかは経済で決まります。政治やイデオロギーではどうにもならない。そして中国で起きたのも、アメリカ型の所得階層構造です。

ところが、日本の製造業は今なお分厚い中間層をイメージした製品を中国に送り続けました。市場にマッチしていないのです。必要とされているのは、〝リーズナブルないいモノ〟などではないのです。とことん贅沢で高級なモノか、最低限の機能に特化したとことん安いモノか。中途半端な商品は、中国では売れないのです。

例えば、ヨーロッパの高級車メーカーは、世界中でこの思想を貫いています。たとえどんなに円高ユーロ安になっても、イタリアやドイツの高級車が値段を下げたという話は聞きません。むしろそれはブランドを毀損《きそん》することを彼らは知っているからです。仮に販売台数が減っても、利幅で儲かればよいと考える。それで企業としては成立するのです。

日本の製造業は今、大胆な発想転換が求められています。分厚い中間層のいる日本市場はあくまで世界の例外だと理解すること。つくった設備や雇った人材を無駄にしたくないからモノをつくるという癖から抜け出すこと。高級か激安か、突き抜けた「付加価値」を持つ商品を送り出すこと。量を誇るビジネスから脱却すること。年間生産台数なんてものを目標にしているメーカーはもはや世界にはありません。単にビジネスモデルを変えるのではなく、コーポレートモデルを変える勇気が必要です。

尖閣諸島についての日中関係をどうするか、政治で決着するのは不可能だと思っています。お互い譲れるわけがないから。それにこれ以上悪化することもないと私は見ています。ですから、中国市場についてはあまり心配していません。なぜなら日本人以上に、経済については中国人は本音で行動するからです。本当に必要なモノ、欲しいモノがあれば、中国は日本から買うのです。

逆にいえば、本音で行動したら買いたくなるようなモノを、日本はつくらないといけないのです。

一時期、盛りあがった爆買いも、偽物が中国内で横行するなかで、「メイドインジャパン（日本製）」かつ「ソールドインジャパン（日本で売っている)」商品にリアルな付加価値を認めたからです。日本企業が戦略的にこれを狙った気配はあまりないので、やや結果オーライな感じですが……。大事なことは、戦略的、能動的にそういう鮮烈な付加価値を創造し訴求していく、尖った行動力なのです。

症例11

スイスの高級時計ブランドのような〝官能的な価値〟が明治の日本にはあった

経済産業省主導でクールジャパン機構という組織がつくられています。しかし、少なくとも日本企業が理解しておかなければいけないことがあります。それは、今の日本のビジネスはちっともクールではないということです。

世界的な時計ブランドがひしめくスイス。しかし、スイスの今は、日本のメーカーに追い詰められた結果でもあります。かつて時計はいかに正確か、という精密メカの機能競争の世界でした。それを一変させたのがクォーツの登場。私が中学生の頃です。

ここから時計の世界は大量生産ゲームに変わってしまいます。そして日本メーカーが世界を席巻していく一方、スイスが生き残りのために選んだのが機能訴求から、官能訴求、付加価値訴求への方向転換でした。

そして今、何が起きているか。スイス製なら1000万円の時計だって平気で売れてしまう、という現実です。極めて利益率の高いビジネスが展開できているのです。

これは時計に限りません。戦後の日本の成功は、機能的価値のコストパフォーマンスを追求することによってもたらされました。自動車しかり、電子機器しかり。そして日本勢の勃興で、欧米のメーカーはじわじわ追い詰められていった。

今、日本がかつての欧米と同じように新興国勢から追い詰められています。ところが、日本企業は量とコストと安売りから抜け出せない。一方でヨーロッパ勢と一部のアメリカ勢の独壇場である官能訴求、付加価値訴求のマーケットでもほとんどダメ。世界的に中途半端なポジションにいるのです。

官能訴求とは、男性にたとえれば、目が飛び出るくらいの美女とたまにデートできる。そんな感覚でしょうか。誰でも簡単に手に入れられない。数にも限りがある。しかし、官能訴求は、どんな美女でも毎日会えば飽きるように、いつか飽きられてしまうもの。栄枯盛衰の激しい世界です。だから、ブランドと価格を守りビジネスを安定させるには、大変な工夫が必要になる。

そして、すでにドイツの自動車メーカーも、官能訴求、付加価値訴求ビジネスに見合った仕組みやエコシステムを自社でつくりあげています。日本にも、こうした新しい概念が出てこなければいけない。求められているのは、大胆な構造転換なのです。

そんなことができるのか、という声もある。しかし、スイスにできたことが、日本にできないはずがない。それができるだけの歴史的背景や文化的背景も日本は持っている。事実、明治時代、開国で日本にやって来た欧米人は、競って日本の工芸品や美術品を買い漁りました。その文化的、官能的な素晴らしさに圧倒されたからです。今からでも官能訴求、付加価値訴求ビジネスへの新しいチャレンジは、できるはずです。

症例12
日本のホワイトカラーの生産性は世界でも最低

深夜残業を禁止して、朝型勤務に切り替えようという伊藤忠の取り組みが話題になりました。しかし、雇用や勤務体系を少しでも変えようとすると過敏に、ネガティブに反応するのが、日本です。労働者の酷使につながる、働かされる時間が増える、と。しかし、変えないと大変になる、という危機感を持っている会社も少なくありません。

背景にあるのは、法体系を含め、日本の労働慣習が大量生産工場方式のままになっていることです。一斉に9時に始まり、5時に終わる。しかし、これでは今の時代にマッチしない。もちろん、9時5時の労働のほうが生産性が上がる産業もあります。過去において、そのスタイルが豊かな中産階級を多く生み出したことも事実です。

しかし、今や産業構造は大きく変わりました。知識集約型の産業あるいは働き方が、世界で大きな利益をもたらしている。時間ではなく、成果で管理されるべき時代。にもかかわらず、制度も感覚も変えられないのでは、生産性は上がりません。これも、日本のホワイトカラーの生産性が世界が驚くほどの低さになっている大きな要因のひとつでしょう。

日本特有の事情があったことも不運でした。団塊世代のホワイトカラーの役職を無理につくらなければならなかった。結果として、「報告・連絡・相談（ほうれんそう）のための会議」が現場に溢れました。今でも一日中会議で埋まっているという中間管理職は少なくありません。

個が牽引する知識集約産業では、「ほうれんそう」はあくまで個の発想を豊かにし、刺激を得る手段として存在します。ところが、「ほうれんそう」自体が目的化してしまう現場が続出した。「ほうれんそう」のための資料やレポートづくりといった生産性のない仕事が生み出され、本末転倒の現象にホワイトカラーが振り回されている。今なお、これは改善されていません。しかも、「ほうれんそう」を行うだけで、成果を追う活動をしていない管理職が、山のように滞留している。

一方で、今や企業にとって戦力として欠かすことができなくなった女性の活躍を、旧態依然とした勤務形態が阻んでいることも顕在化しています。今、働き方を大きく変えなければ、日本企業の生産性は上がらない。すなわち、賃金は上がらないということです。

このような構造変化の中では、労働者の味方であるかのような政策が、そのように機能しないことがあります。民主党政権時代、古き良き時代に戻そうという規制強化の動きが何をもたらしたか。結局、非正規雇用をさらに増やしただけだったのではないか。実態とフィットしない仕組みをいくらつくりあげても機能はしないのです。

イデオロギーでは今や物事は解決できない。グローバリゼーションをなかったことにすることはできません。制度の再設計は、いずれにしても待ったなしになるのです。

3章

再生の修羅場はドラマよりエグい

すぐに始まった
タスクフォース打倒運動

企業再生の現場を幾度も経験してきました。最も強く実感していることは、裏切る理由のある人間は必ず裏切る、ということです。

権力がAからBに変わったら、あれほどAになびいていた人が、あっという間にBになびいてしまう。みんな口では、「会社の未来は」とか言っているのですが、それは嘘です。自分の保身こそが大事なのです。

それこそお経を唱えていた人が、突然「アーメン」と言い出したりすることだって、決してあり得ないことではない。修羅場の人間というのは、そういうものです。

ただ、それは権力が変わった後の話。変わる前は、本性むき出しの人間が、変えようとする側に一気に攻め寄せてきます。それは、凄まじいレベルで。JALタスクフォースの時もそうでした。

日本航空の経営がおかしくなり、国土交通大臣直轄の「JAL再生タスクフォース」が設置されたのは、2009年9月でした。ちょうど自民党から民主党への政権交代劇があったばかりでした。

JAL再生は自民党政権時代から続く喫緊の課題で、すでに「日本航空の経営再建のための有識者会議」も設置されていました。しかし、民主党の前原国土交通大臣は、この有識者会議を廃止しました。

新たに招集されたタスクフォースのメンバーは5人。そのうち私を含めた4人は、元産業再生機構のメンバーでした。似たような課題に似たような顔ぶれ。10月末には再生計画案の骨子を完成させ、11月末には再生計画を確立する予定でした。

しかし、ひとつ問題があった。それは、タスクフォースのメンバーをJALに送り込もうにも、その法的根拠がどこにもなかったことです。自分たちの判断で出せる資金も持っていない。そこが、産業再生機構との大きな違いでした。

JALにしてみれば、我々は完全に招かれざる客です。ただ、最初の訪問はごく普通の対応でした。ドラマチックなことが起きたわけではない。タスクフォースは任意の存在でしたから、JALは拒否することもできた。なのに、ああいう国策民営的な文化のしみついた会社だからJAL側も表向きは時の大臣の意向に面と向かって逆らうようなこともしません。「それでやります」ということになりました。

ドラマが始まったといえば、この後からでしょうか。大きく報道もされたタスクフォースに対して、現役の人たちなり、ＯＢの人たちなり、組合の一部なりが、打倒運動を始めたのです。「あのタスクフォースの連中は信用できない」「あいつらはクソだ」「アホで無能だ」……。要するにネガティブキャンペーンです。

情報はすべて入ってきていました。こちらも素人ではありません。情報網もあります。シンパもたくさんいます。「今日、誰それがやって来て、こんなことを言って帰りました」「誰それと誰が、どこで会っています」……。そんな話が次々に入って来ました。

ネガティブキャンペーンをやっている連中の中には、タスクフォースが入る前の自民党時代に再生計画をつくっていた人たちもいました。何の解決にもならない、問題を先送りするだけの案ですが。それでも、要するに自分たちのやってきたことが否定されるわけです。だから、お抱えのコンサルティング会社と一緒に、霞が関や永田町、大手町周辺で大ネガティブキャンペーンを繰り広げていました。

「冨山はＪＡＬのＣＥＯになりたくてやっている」「お金をチャージして、自分たちの会社に利益を落とす仕組みだ」なんて声まで聞こえてきました。あることないことが、怪文書で流れるのです。ただし、幸か不幸か異性関係はいっさいありませんでした。それは再生機構時代から、ネタがいっさいないことを彼らは知っていたのでしょう。

金融機関でも、もともとのプランに乗っかっていた某大手銀行は、ネガティブキャンペーンをやっていました。再生機構の時も同じようなことがありましたから、別になんとも思いませんでしたが。

「何様だ」「法的根拠はない」という声もありました。JALは一定年代から上は、「空飛ぶ外交官」みたいなエリート意識の強い会社です。そこに、我が物顔で乗り込んでいって、解体手術をしようとしている姿に対して、ある種のルサンチマンを持つ人もいたのでしょう。

ただ、そんなことよりも、再生は待ったなしの状況だったのです。

まともな経営感覚が麻痺してしまっていた

自民党時代の再建案では、事業再生に必要な調査・分析であるデュー・デリジェンスをきちんとやらず、委員会がJALの出してきた計画を儀式的に検証し、政策投資銀行から数千億円貸してもらうという案で推し進められることになっていました。

タスクフォースが何よりそれと違っていたのは、デューデリをちゃんとやる、ということです。ただ、デューデリをやられたくない人がたくさんいた。ＪＡＬ内だけでなく、今まで甘い汁を吸ってきた政治家、自分の仕事を取られた国交省の役人。そういう人たちも、ネガティブキャンペーンに加わっていました。

ストーリー的には、タスクフォースがパンドラの箱を開け、収拾がつかなくなって、それを企業再生支援機構が救ったことになっていますが、実際には違います。

ある意味、タスクフォースは当時、〝おとり〟の役を自ら買って出たのです。だから、後にタスクフォースが解散した時、「追い出し成功！」と大喜びして祝杯をあげていた人たちがいた一方で、巨額の公的資金枠を有する企業再生支援機構が粛々と発足していました。そして、彼らは法的整理によってタスクフォース案よりも厳しいリストラ案を遂行すべく、手ぐすねひいて待っていました。

メディアの関心がタスクフォースに集中したことで、むしろ、企業再生支援機構にタスクフォースからバトンタッチする工作は、誰にも邪魔されることなく、スムーズに進んだのでした。

実は、タスクフォースの話を引き受けることを決めてから、腹の中で、最初からこのシナリオにするのが一番だと考え、そう動いていたのです。

正確なデューデリのために投入した人数は、のべ１００人以上になります。１ヵ月という電光石火でフタを開けてみて、驚きました。ここまでひどいのか、という状況だったからです。

それまでのＪＡＬの歴史は、お金が足りなくなったら、日本政策投資銀行、国際協力銀行が出してくれる、という前提で飛行機が飛び続けていました。

ここでパンドラの箱さえ開けなければ、またお金を出してもらえるという前提で、みんな動いていたのです。だから、こっちが持っていた資金繰り表によれば、11月中旬で本当に資金ショートすることになっている。ところが、彼らが出してきた資金繰り表だとショートしないのです。そこでまたお金が出てくることになっているのです。ここで政投銀が出してくれる、と言う。「その前提には確約があるのか？」と問うと、まだない、だけど、「経験上、ギリギリになったら出してくれる」と。

こういう世界でした。これを続けるために、形式的な委員会をつくってシャンシャン儀式をやって、乗り切ろうとしていたのが、ＪＡＬでした。まともな経営感覚が、麻痺してしまっていたのです。

ところが、本当の状況をタスクフォースが明らかにしてしまった。根治治療をするために。

誰かが〝ルビコン川〟を渡らなければいけない

約1ヵ月にわたる詳細な診断作業の結果わかったのは、航空会社の経営は、つまるところ稼働率勝負ということでした。日々の運航に必要な経費は、人件費やリース代、燃料代、部品代などの固定費で決まります。

過剰な固定費を抱えていた場合、何らかの要因で営業収入が激減すると、たちまち経営危機に陥ってしまう。JALの場合、この固定費が平時においても課題で、これを思い切って落とさないと、今後も必ず危機を繰り返すことになります。

処方箋は極めてシンプルです。路線と機材と人員を約3割ずつ、三位一体でばっさり落とす。そもそも単純なビジネスモデルなのに、JALの場合は、どう見てもインテリの社員が多すぎました。

現場中心の航空会社に、あれほど多くの高学歴者が集まっているのは日本だけです。経営的にはさしたる高度な仕事もないのに、インテリばかりが集まれば、組織はどうしたって官僚化します。

しかし、人件費に手をつければ、高額な年金をもらっているOBが騒ぎ出す。路線に手をつければ、永田町、霞が関、地元を巻き込んだ政治的な騒ぎになる。機材に手をつければ、高い簿価で担保に入れている金融機関が黙っていない。

だから、インテリのエリートとして、そんなリスクは取りたくないわけです。実際、改革を進めようとする際には、決まって彼らが抵抗勢力になった。頭はいい人たちですから、現状を変えられない〝言い訳名人〟の集団になるのです。

ただ、若手の中には違う人間もいました。実際、タスクフォースに協力して、資料をパッと持ってきてくれた若手がいた。実は、こんなことを考えていました、という改革案も受け取りました。4、5人で持ってきましたが、よくできていました。実際には、私たちが進めたプランととてもよく似ていたのです。彼らは今、執行役員として活躍しています。

40代なら、あと20年くらいは会社にいないといけない。この年代の人たちが、一生懸命、改革をしなければいけないと思った時は、信用して大丈夫だとわかっていました。逆に50歳過ぎは信用できない。自分たちの生き残りだけを考えている可能性があるから。

いずれにしても、処方箋は誰の目にも明らかでした。ルビコン川を渡らないといけないのは、年金を含めた人の問題、路線、そして機材です。いずれも30％落とす。そうなると、どのルビコン川も〝戦争〟が始まってしまうのは避けられませんでした。

それまでは、誰もが〝戦争〟を忌避しようとしていました。〝戦死者〟も出る。だからこれまで、まったく改革ができなかった。しようともしなかった。

しかし、こちらは〝戦争〟をしに来ているのです。経験上、〝戦争〟はちっとも怖くない。何よりも、〝戦争〟をやらなければ、会社はつぶれてしまうのです。つぶれるとみんなが困るのです。だから、この〝戦争〟に、タスクフォースが負けることはありませんでした。

まず、金融機関。3割カットをのめるか。しかし、のむしかない。なぜなら、本当につぶれて破産、清算してしまったら、1円も回収できなくなるからです。

年金も同じです。メディアに大騒ぎされましたが、もともと大変な額の年金をもらっていた。若い社員よりも、はるかに〝高給〟だったのです。それをちょっとカットするだけ。その条件をのまずに会社がつぶれたら、1円も入ってこなくなる。

「JALの将来が見えないうちは賛成できない」なんていう建前論が、あちこちで吹聴されて同情を買っていましたが、本当は違う。自分の生活の問題なのです。しかも、ゴルフを月に何回か我慢すればいいぐらいの金額が減るだけ。だから、どれだけゴネていたって、最後は条件をのむに決まっている、とこちらはわかっているのです。

いい人では、交渉の現場で冷徹な決断ができない

企業再生では、リーダーの存在が重要になります。グループが債務超過に陥ったシャープは、ホンハイの傘下に入って再生を目指すことになりました。しかしこの経緯があまりにもお粗末でした。報道をみるかぎり、当初ホンハイから言われていた「リストラや事業売却はしない」という口約束は反故にされつつあるように思います。また、ホンハイと組んだからといって、主力の液晶パネルや有機ＥＬパネルは、韓国勢や中国勢との超レッドオーシャンの激戦で、誰がやってももうからないような市場になっています。

これは、当時のシャープの経営者の交渉の失敗です。会社が危機に陥った時には、思わぬ人が社長になったりします。長い間、会社の混迷が続くと、尖った人たちは抗争の中でどんどん飛ばされていってしまう。そして結局、しょうがないから、と出てくるのが、毒にも薬にもならないタイプのリーダーなのです。社内に誰も敵がいない。私心がなくて、いい人。ＪＡＬの危機の時もそうでした。

こういうタイプの人は、まず最初に現場を回ります。そして、現場に共感してしまう。「頑張ろう」と声をかけたりする。

しかし、沈もうとしているタイタニックで、艦長が船員のところに行って「頑張れ」と言っても、どうしようもないわけです。しかし、私心がなくて、いい人だから「頑張ろう」になってしまう。

こういう人は社用車で通うのをやめて電車で通ったりもします。そして、社員食堂で一緒に食事をしたりもする。よくあるパターンです。本当にいい人なのです。

しかし、いい人だということは、シビアな交渉の現場で、冷徹な決断ができない。冷徹な決断が求められる交渉の場でさえ、いい人に走ってしまうのです。

ネゴシエーションは、タフでなければいけません。そもそもネゴシエーションというのは、一種の戦争なのです。その意味で、ホンハイのテリー・ゴウは、強烈なタフネゴシエーターです。大きな買収の際などに出てくるのは、タフネゴシエーターと決まっているのです。企業再生案件で、売却する時の相手は、そういう人たちばかりです。ハゲタカっぽい人もいれば、ユダヤ人もいれば、インド人もいる。厳しい交渉になる。

日本の平均的ないい人というのは、基本的に平和が好きです。「和を以て貴しとなす」人たちです。そうすると、戦争状態をいかに早く終わらせるか、ということが目的化してしまう。

早く妥結してしまわないと気が楽にならないのです。だから、妥結を急ぐ。しかし、だいたい交渉というのは、最後は必ずチキンレースになります。どこまで我慢できるか、なのです。チキンレースで勝つ人間というのは常に決まっていて、最後の最後までアクセルを踏んでいる人間です。それができない。

シャープのケースでいえば、手を挙げたのは、産業革新機構とテリー・ゴウでした。ずっと両方との交渉を走らせていました。2社以上を競わせる時、シャープが何を恐れるかというと、両方ともが降りてしまうことです。それで、シャープはテリー・ゴウを選んだ。すると産業革新機構は、粘ることもなくあっさりと降りてしまいました。

ここでシャープはひとつ大事なことが抜けていました。産業革新機構が降りる前に、テリー・ゴウに対して、完全に法律的に拘束できる契約書を突きつけておくことです。そうすることで、イエスかノーかの交渉にできた。ところが、それをしなかった。

口約束で数千億円なんて、甘いのです。結局、今なおシャープがどうなるか、わからないまま。テリー・ゴウは金額を決めていません。シャープにとって最悪のケースです。

産業再生機構時代、41件の支援先は3年以内に売却しなければなりませんでした。売却交渉はすべて最後まで複数の買い手を競わせ、法的拘束力のある契約内容に対して「イエスかノーか」で誰に売却するかを決める交渉スタイルでした。

契約書はできあがっていて、金額だけ空欄になっている。入札社に金額を入れてサインしてもらう。高いほうに売りますから、と。それだけ。もうこれ以上ネゴシエーションの余地はない、と伝えていました。「そんな一方的なやり方をするなら我々は降りる」とおどしてくるところもありますが、本当に買いたい時は絶対に降りません。だから、ちゃんと書いてくれる。

それで、例えば、思っていた値段に到達しなければ、入札社に「はい、今回はもう売りません」と伝える。「でも明日、もう1日だけチャンスをあげます」と添えて。そうすると、ひと晩で15%も買値が上がったりする。交渉の担当者は取締役会からバッファーをもらっていて、まずその一番下の金額を出してくるに決まっているからです。

いわばチキンレースです。チキンレースは先にビビッたほうの負け。交渉のストレスから逃げたくなったほうの負けです。

これが交渉です。徹底的な戦いになるのです。実際、ユダヤ人やインド人だと、交渉の場で口汚く罵《ののし》ってきたりします。もちろん、こちらも応戦します。しかし、部屋を出たらケロリとして「飲みに行く?」と。その後、親しい友人になることも多い。

交渉という名の、ある種のゲームをやっているのです。テニスのプロ同士が試合をするのと同じ。試合が終われば、仲良しのプロも多い。

そうした激しいゲームに日本人も慣れないといけません。「何もない一日を早く迎えたい」

「平和な日々に戻りたい」と願ってる人ではダメなんです。長い戦争状態がストレスにならない人材を育てないといけない。そういう人間を引き上げないといけない。

会議での軋轢《あつれき》や不規則発言をストレスに感じている場合ではないのです。紛糾してきたら、「おお、面白くなってきたぞ。もっとやれ」と思わないといけない。そんなハードネゴができるリーダーが、これからは、ますます求められてくるのです。

「みんなで決める」と、高い確率で間違った方向に進む

会社が危機的状況に陥った時、あり得ない判断が行われてしまうことがよくあります。カネボウが化粧品部門を売ろうとしたこともそう。東芝がドル箱の医療部門を売却してしまったこともそう。おそらく東芝の決断は、医療部門のほうが新しい部門だったから、という理由でしょう。カネボウと同じです。新しい部門で保守本流ではないということです。私に言わせれば、売るなら絶対に半導体部門だった。

これが、共同体の行動原理です。外から見ればびっくりでも、社内からすると、とてもナチ

ュラルだったりする。古くて大きな共同体の論理としては、当然なのでしょうが、全体最適という意味では、合理的意思決定とは、とても思えない。

もし、本気で建て直すんだったら銀行に頭を下げて債務を多少チャラにしてもらい、資本を厚くしてからリストラをやって、で、半導体部門を売却するのが正しい方法です。

頭のいい人たちが集まっても、所詮そんなものだということです。集団でものを決める。集団でものを動かすことになればなるほど、こういうことは起きる。良くも悪くも、絶対専制君主が存在しない社会になっているから、絶対専制君主の暴走でメチャメチャになってしまうことが起きない代わりに、こういう誤った民主主義的な解決案で、とんでもないことになってしまう。そういうことが起きるのです。

私の理解では、民主主義というのはベストな権力者を選ぶ能力を持っていません。あるいは意思決定にすごく時間がかかる。必ずしも最良ではないトップを選んでしまう可能性がある。ただ、民主制のいいところは、良くないトップが選ばれた時、必ずしも革命で血を流さなくても、権力者を交代させられるということです。

民主制が機能していれば、その点において、他のいかなるシステムよりマシなのです。そうでない場合は、毎回毎回、革命でクーデターをやって、皆殺しにしないと政権を替えられない。投票箱を使ってクーデターを起こせるというのが、民主制の唯一の利点なのです。

だから民主制にそれ以上のものを期待してはいけないのです。多くの人が、民主的なものに多くを期待しすぎなのです。それでみんな絶望してしまう。絶望しすぎて逆振れして、全体主義に行ってしまったりするのです。

修羅場で人は、平時よりもずっと理屈通りに動く

そしてカネボウにしろ、JALにしろ、東芝にしろ、修羅場の時の共通項があります。それは、政治だの再生だのという権力闘争がむき出しの状況においては、誰にも期待してはダメということ。誰も信じてはいけない。裏切る可能性がある人、裏切る合理性がある人は、絶対に裏切るから。

それをまず前提に置いて、どんな状況を揃えたら、この人は信じるに値するか、ということをひとつひとつ検証していく。その人のパーソナリティと、働く動機づけを照らし合わせていくのです。

Aさんはこの状況が続く限りにおいては味方をする。だから、信じていいし、期待していい。

Bさんは、いかなる状況においても、絶対にこちら側につかない。Cさんは性格からすると、こう言っておどかせばこっちの味方につく……。そんな計算をしていって、ゲームを組み立てていくのです。

逆に、こいつは絶対に裏切る、とわかっていれば、裏切る前提で、利用できる場合もあるわけです。

面白いのは、修羅場では、平時以上に人は理屈通りに動いてくれることです。人間性がむき出しになっているから。再生をやっていてこんなに面白い瞬間はありません。

相手が本当に本能通り、みんな自分の心に正直になる瞬間がある。そういう時こそが、本物のその人です。そういう時の人間に接していると、「人間って愛すべきものだな」と思います。むしろ、人間愛すら芽生えるのです。

建前できれいごとを言っている人のほうが、どうにも実は人間っぽくない。修羅場の時に、むき出しになっている時に出てくるものこそが、本当の人格です。それこそ、むき出しの時にこぼれ出る良心というのは、本当の良心なのです。

むき出しの時は非人間的に見えるかもしれないけれど、そういう瞬間のほうが、人間的になれるのです。愛すべき存在になるのです。それを冷静に眺める。じっくり観察をする。人間そのものに関心を持つ。それも、リーダーに求められる能力だと私は思っています。

症例13

JAL問題の本質【前編】日本「航空」の姿は、明日の日本の姿

数多くの企業再生に携わってきた私にとって、国土交通大臣直轄のタスクフォースとしてかかわる以前のJALの経営問題への印象は、伝統的な日本企業における〝よくある構造的な問題〟といったところでした。

ただ、フタを開けてみると、その悪化の度合いは事前の想像を遥かに超えるものでした。単にバランスシートが実質的な債務超過に陥っている危険性にとどまらず、すでに本業の収支悪化で日々の営業の資金繰りも逼迫《ひっぱく》していました。万一、資金ショートとなれば、燃料をはじめとする取引先への支払いは不可能となり、それは即座に全業務を停止せざるを得ないことを意味します。それくらい切迫していたのです。

私たちが真っ先に取り組んだのは、実態の把握、デュー・デリジェンスでした。膨大な資料の検証と相当な実務作業を経た末に上がってきたレポート

を見て、私は目を疑わずにいられませんでした。これまで経験したことのないくらいの窮状だったからです。

例えば、人員の過剰。約5万人のグループ従業員で非管理職と同じくらいの数の管理職がいる。そして有名になった年金。パイロットの高給が問題視されていますが、彼らはどちらかというとスケープゴートでした。それに現場の若手社員の給与水準は驚くくらい低かった。むしろ、間接部門や営業の管理職、OBへの年金支払いが重たいのです。

背景にあるのは、高度成長期の昭和50年代初頭までの大量採用です。これが組織構造に歪みをつくったわけですが、そんなことはもうずっと前からわかっていたはずでした。なのに、改革に向けての大きな痛みを伴う抜本的な手を打ってこなかったのです。その背景には、従業員に多くの縁故採用者がいたことや、大改革を始めようとすると、役所体質の縦割り組織同士ですぐ内紛が始まって、改革派のトップが引きずり降ろされることがあったようです。だから、根本的な構造改革を断行できない。

またある意味、日本的だな、と思えるのは、組織文化として、〝目上なるもの〟(年次の上の人や、監督官庁や政治家といった「お上」)に異常な従順さを見せることです。年金削減の問題も、致命的な問題のひとつになることは10年以上前からわかっていたはずなのです。しかし自分たちの先輩との「ガチンコ」勝負を避け、問題を先送りしてきた。

一方、〝目上なるもの〟側は「若い奴に経営なんかできっこない」と平気で言っている。既得権益を譲りたくないシニア層に見られる典型的なロジックです。私はカネボウのケースを思い出さずにはいられませんでした。

これは仕事を引き受けた理由でもあったのですが、私の最大の危機感は、JALが〝管理されない破滅的破産〟に至ることでした。航空会社というのは、一度飛行機の運航を止めてしまうと再び飛ばすことが極めて難しい事業体。世界中の空港でJALの飛行機が、機体を停止したまま野ざらしになるようなことも起こりかねない。これは我が国に対する国際的な信認を大きく失墜させます。また、国内でも東京から遠く離れた地方ほど、JALの翼に公共交通機能を依存しています。これが無期限停止することの国民経済、国民生活に与える影響は実は非常に大きいと感じていたのです。

症例14

JAL問題の本質【中編】なぜこれほど「紆余曲折」したのか

JALは法的整理への道に進みました。法的整理という選択肢については、当然、タスクフォース（TF）としても詳細にシミュレーションしていました。当時、すでに報道されていましたが、法的整理を選択した場合の必要資金の規模をはじめ、結局、概ねTFが試算していた通りの数字となっています。

ただ、TFから企業再生支援機構にバトンを渡した後に、この「診断結果」を申し送っていたにもかかわらず、その後「紆余曲折《うよきよくせつ》」した背景については触れておく必要があるでしょう。TFが膨大なデュー・デリジェンスを自ら行った結果、あそこまで傷んでいれば、いずれにせよ巨額な公的資金が必要な再建型破綻処理に近い方法しかない。それが結論であり、かつ巨額資金を出せる唯一の公的機関である企業再生支援機構へのバトンタッチを選択した理由でもあります。

しかし巨額のつなぎ融資の実行準備がまだできていない段階で、ＴＦなり大臣なりが法的整理という言葉を口に出そうものなら、ＪＡＬは即、信用不安を引き起こし、運航停止、そして破産・清算に陥りかねない状況でした。

ところがその後、「そこまで資金を用意しなくても、商事取引債権を保護する事前調整（プリパッケージ）型でやれば法的整理は可能」といった、まったくリアリティに欠けた〝お気楽〟な議論がうごめきはじめます。政府は法的整理のほうがすっきりするが、世論の手前、極力公的資金も使いたくない。その政治心理を突いた主張ですが、これを唱えていた人間は、単に自己顕示欲を満たそうとしただけとしか考えられません。

しかし、今回は、国際的な権益や信用取引がかかわる極めて複雑な案件なのです。日本の法制度をよく知らない外国で、ＪＡＬの紆余曲折がどう見られるか。実際、政府が1兆円近い資金供給を含む全面支援表明へ、と大きく舵を切ったのは、「法的整理へ」という報道を契機に、急激な信用収縮に見舞われたからでした。

関係閣僚が大晦日に首相官邸に集まったという報道が大々的に流れました

が、背筋に寒いものが走って初めて、本当の現実は認識されたのです。そして政府がやらなければならなかったのは、資金の用意だけではありません。各国の機関や取引先に対し、ＪＡＬの海外運航を日本国政府が支援することを大臣名で通達したのです。政府としてそこまでのコミットが必要だったということです。

当時の前原国交大臣や稲盛和夫ＣＥＯご自身も発言されていましたが、ＴＦは早い段階で稲盛氏と意見交換をしていました。ＪＡＬほどの再生案件には、自ら判断、指示でき、組織に対して迫力のあるガバナンスを発揮できる相当な大物経営者がぜひとも必要だと考えていました。加えて政財界やメディアからの雑音にも惑わされることのない胆力を持ち、私心のない人物となると――。

私が稲盛さんのもとへＣＥＯの打診に伺った時、自らの高齢など、就任についての慎重な発言をされてはいたものの、その目は輝いていました。最終的にお引き受けいただける可能性をその目の輝きに感じました。

症例15 JAL問題の本質【後編】実は日本の現状と極めて似ている

法的整理を選択するにあたり、JALには再建に際して政府から9000億円規模という巨額の資金が用意されました。

JALは、企業再生支援機構と新しい経営陣、そして従業員によってしっかりと再生され、そして3年以内に再生プロセスからのEXIT（出口）をし、9000億円を棄損させずに国に返還することが必要でした。

そうしたなか、〝これだけの公的資金を使うのだから、JALは公共性を鑑みて、地方の赤字路線を維持するべきだ〟といった声が聞かれました。しかし、それは明らかにトンチンカンな問題提起と言わざるを得ません。

9000億円という公的資金は、JALに再建のための必要な資金として供給されるべきものです。これが赤字路線維持のための資金となっては、まったくの本末転倒です。公共性の観点から、どうしても赤字路線を維持したいのなら、地域住民と国民にその必要性を問うたうえで、正々堂々と直接、公平に税金で補助すべきです。

また、「国内路線に特化し、国際部門はＡＮＡに譲渡すべきだ」といった指摘も聞かれました。しかし、ＡＮＡとの関係も含めて、ＪＡＬのＥＸＩＴに際しては、企業再生支援機構が市場秩序を踏まえて判断すべき事項であり、政府が差配する事柄ではありません。

言い換えれば、９０００億円という巨額の公的資金は、いわば政府からＪＡＬに対する〝手切れ金〟であり、この先ＪＡＬに何があろうが、たとえ二次破綻に陥ろうが、政府はもはや手を差し伸べないという姿勢を明確にすべきなのです。さもないと、ＪＡＬを法的整理まで追い込んだ、政官からの干渉や依存の世界に再び戻ってしまう可能性がありました。

政府の仕事は、市場の競争ルールをより公正で自由なものにすることで、ＪＡＬのＥＸＩＴ先の選択肢を増やすことしかありません。企業再生支援機構の持つＪＡＬの経営支配権（株式）を公正で開かれたオークションにかけて売却することです。もちろんＡＮＡにもチャンスを与えて。また、それこそが９０００億円の棄損リスクを最小化し、かつ、国民に対し安くて便利で安全な空を提供するための唯一の道。

ＪＡＬとしても、赤字路線を含めて、かつてはしがらみからズルズルと受け入れてきたものも、経済合理性に合わないものは絶対に選択すべきではありませんでした。それが、ＪＡＬが再建できるかどうかをわける重要なポイントだったのです。

ＪＡＬにかかわって最終的に私が感じたのは、実はこれは日本の近未来そのものだ、という思いでした。問題をすべて自分以外の人のせいにし、先送りしてきた。そして、ついに行き詰まってしまったということです。政治が悪い、官僚が悪い、と国民は言います。しかし、政権交代をさせなかったのも、政権交代をさせたのも国民です。

日銭が足りずに借金で飛行機を飛ばすＪＡＬと、税収がまったく足りないのに国債（借金）で予算をつくり、当座の痛みの先送りのためにばらまきを続ける日本は、何が違うのでしょうか。公的年金の運用利回り想定をＪＡＬと大差ない約４％に置きながら、実績が下回ったら税金、すなわち若い世代の納税者からしぼりとって帳尻を合わせている社会保障制度を強いている日本は、ＪＡＬを批判できるのでしょうか。

ＪＡＬは、実は私たち自身の未来の姿。ひとりひとりがそう認識するべきです。日本では、誰ひとりとしてＪＡＬを笑うことはできないと私は思います。すべての国民が、日本企業が、ＪＡＬになり得る可能性があるのです。

症例16
再上場に反発の声。でもJALを責めるのは筋違い

JALの再上場に対し、自民党やANAから反発の声が上がりました。もとより自由主義経済の日本では、国が個別企業の破綻に関与しないのが原則です。大手電機メーカーのシャープが苦境に陥っても、国は支援すべきではない。例外は、市場が何らかの深刻な機能不全を起こしていて、大規模な連鎖倒産や、金融危機のひきがねになる恐れがある場合。または国民生活に重篤な影響を及ぼす圧倒的な公共性を持つ場合です。

本来、JALは、いずれでもありませんでした。ただ、資金がショートし、一瞬で国内外すべての運航が止まりかねない状況を、公共的リスクと政治が判断した、限界的事案です。だから国の支援でANAなどとの公平な競争を歪曲する危険性について、十分に注意する必要があった。特に再生がうまくいくほど、問題は深刻になるからです。

私もこの問題を早い段階からメディアなどで指摘し、企業再生支援機構の責任者の耳にも入れていました。しかし何の手も打たれませんでした。これは官民ファンドという公共政策遂行機関としては、明らかに支援機構のガバナンス機能に問題があったということです。

私がかつてCOOを務めていた産業再生機構でも、似た問題が起きる可能性がありました。そこで、再生させたカネボウ化粧品が花王の傘下に入ったように、持っていた株式をまとめて入札にかけ、競争相手にも応札機会を与えたのです。本件では国交省や公正取引委員会と早めに相談し、JALに何らかの競争上のハンディを負わせる透明なルールをつくっておく方法もありました。

こんな無為無策を見ていると、国の金を使って再生している自覚がなかったと言われても仕方ありません。公的再生は、民間資金での再生とはワケが違うのです。

もうひとつ、「インサイダー取引の疑い」と問題視されている民間出資者への増資についても騒がれました。これは、確かに透明性を欠いたと言わざるを得ません。

増資そのものは、不測の事態に対する資本バッファー強化と理解できます。引受先探しに苦労したようですから、出資者にも何ら責任はない。しかしなぜ、割当企業が開示されなかったのか。また、すでに再生中で企業価値が高まっていたのに、企業再生支援機構が国の金で引き受けた時と同じ株価で割り当てたのはなぜか。当時、説明責任は果たされませんでした。企業再生支援機構の首脳のひとりは「裁判所の許可を得ている」と言っていましたが、ここで問われているのは「納税者目線」からの透明性なのです。

そもそもJALには、政治の関与で経営が歪められてきた歴史があります。それを国の金で再生するというのも皮肉ですが、再生したと見るや「〝鶴〟の恩返し」などと、赤字地方路線を飛ばさせる声が政治から上がりました。

再上場についてJALを非難する声もありますが、それは完全な筋違いです。彼らは一民間企業の経営者や従業員として真っ当に職務を遂行したにすぎない。責任を問われるべきは、企業再生支援機構のガバナンス不全とその上にいる当時の政権の統治能力の欠如のほうです。

症例17

東芝の上場廃止？いったい誰への懲罰になるのか

東芝の不正会計問題は、経済界に衝撃を与えました。事件はいまだ収束しませんが、ひとつ気になることがありました。

それは、不正会計をした東芝は上場廃止にすべきではないか、という声がメディアからたくさん挙がったことです。これは極めてナンセンスな話です。

そもそも不正会計では、誰が最も被害を被ったのか。それは、会社の株式を買い、投資をしていた投資家でしょう。にもかかわらず、不正会計の懲罰的意味合いで上場廃止にされてしまったらどうなるか。被害者である投資家は、株式の取引ができなくなるのです。泣きっ面に蜂とはこのこと。

上場廃止は、不正会計ですでに被害を被った投資家に、さらなる打撃を与えるだけのものになってしまう。いったい誰を罰したいのか、ということになるのです。

確かに、かつて不正会計をしたカネボウは上場廃止になりました。産業再生機構でカネボウの再生を担当した立場としては、上場コストは必要なくなるし、正直、上場廃止はありがたかった。

しかし、実際にはこの時も、極めてナンセンスだという思いは消えませんでした。なぜなら、上場廃止にする意味など、実のところ、どこにもないからです。

上場廃止にせよ、という声の背景は、想像ができます。それは、上場している会社が上場を廃止されたら、社会的にダメージを被るはずだ、それが懲罰になる、というものでしょう。

しかし、東芝は上場を廃止されたからといって、実際、痛くも痒くもないのです。東芝ほどの会社になれば、資金調達だって独自でできますから、市場を使う必要もない。ビジネス取引に影響が出ることはまずないでしょう。

強いていえば、株式上場という社会的な評価が得られなくなってしまうことがダメージになるかもしれません。しかし、それもまったくたいしたものではない。なぜなら、サントリーだって竹中工務店だって、上場していないからです。

上場廃止にしてしまえ、というのは、実は単なる感情論なのです。だからカネボウの時も、上場廃止になどするべきではなかった。廃止を決めた当局は、明らかに感情論に流されたということです。その時の東京証券取引所の会長が、元東芝社長の西室泰三氏だったというのは、なんという皮肉か、と思います。

株主側もこの感情論に流されて、「いったいどうしてくれるんだ」と上場廃止になった企業を責めたてますが、これもまったくのお門違い。怒りの矛先を向けるべきは、企業ではなく、上場廃止にした東証に「取引できなくなるじゃないか」と怒るべきなのです。

上場廃止がナンセンスというロジックは、このくらいシンプルな話なのに、メディアはなぜ上場廃止の声を挙げたりするのか。担当記者が理解して書いているのかどうかはわかりませんが、いえることは、メディアは間違いなく読者におもねっているということです。読者はこういうことを期待しているに違いない、ということを書きたがる。

実際に読者としては、感情的に溜飲を下げられるかもしれません。しかし、正しくないことは、間違いなく将来に禍根を残すのです。

症例18

危機時にはキャッシュこそ生命線と、100年続く企業は知っている

優良企業と思われていた会社の業績悪化が伝えられることがあります。しかし、厳しい経済状況での競争とは、実は財務体力の戦いであることを歴史は教えてくれています。そして淘汰や再編は、経済が右肩上がりの時には起きないことも歴史は教えてくれています。さらには、淘汰や再編の勝者が、手元現金を潤沢に持ち、自己資本が厚い会社であることも。

これはつまり、ROE（株主資本に対する利益率）を追求する経営の真逆をやってきた会社が強い、ということです。私はかねてから、ROE経営がいかにナンセンスかを訴えてきましたが、推進者からは、いつも目をむいて反論されました。しかし、ROEがいかに高くても、レバレッジをきかせて借金ばかりが多くなった結果、資金がショートして倒産してしまったら、株主にとっての企業価値はゼロになってしまうのです。危機時にはキャッシュ

こそが生命線。株主からの資本ではなく、潤沢な現預金と、内部留保を含めた自己資本の厚みこそが信用を決める。P／LだけでなくB／Sを読めなければ、その会社の本当の競争力は見えないのです。

１００年を超える資本主義の歴史の中で、経営に関するさまざまな考え方が出ては消えていきました。ROE経営もそうですが、注目されているから、多くの会社が導入しているからと、妄信するのは極めて危険です。所詮は人間がつくったもの。大丈夫か、と疑ってかからなければいけない。

実際、株主への配当に敏感な印象のあるアメリカでも、カーネギーは「内部留保に気を配れ」と書いていました。エクセレントカンパニーとして知られるジョンソン・エンド・ジョンソンも、驚くほど潤沢なキャッシュを持っています。１００年を超えて繁栄している会社は、いくら株主にとっての企業価値を高めても倒産しては意味がないことをわかっているのです。もちろん株主からの突き上げもあったことでしょう。しかし、論破すればいい。論理的に間違っていないのですから。

企業の最後の生き死には、凄まじい世界なのです。私自身、かつて先輩と起業したコンサルティング会社が危機的な状況に陥り、バブル崩壊後の不況で、ギリギリまで追い詰められた実体験を持っています。人生最悪の1年間で学んだのは、MBA的な「経営ごっこ」の世界とは明らかに一線を画した、厳しい経営のリアリズムでした。そして産業再生機構で、私は再び企業経営の修羅場を数多く見ることになりました。

猛吹雪が吹き荒れると、企業は巣穴に逃げ込みます。しかし、じっと巣ごもりをしているだけでは、体力は落ちていく。それでは、晴れて外に出た時にフラフラになっている。何が必要かといえば、地下室でのエクササイズです。起こり得る大再編という次のラウンドに備えるべく、改革をして構造転換をしないといけない。

むしろ大きな変革は、悪天候にならないとできない。大切なことは「時計の針」を3つ持っておくことです。短針と長針と秒針です。秒針の世界での発想だけで未来の成長の芽まで摘んでしまうと、10年後、20年後に後悔する。そういうことが起こり得る。だから、3つの時間軸が重要になるのです。

4章

アタマもカラダも硬い政府や行政が病を深刻化させる

政府や行政はただの〝必要悪〟でしかない

政府や行政というのは、そもそもアタマもカラダも硬い。まずは、それを理解しておく必要があります。だから、あまり期待してはいけないのです。にもかかわらず、世の人々は、とにかく政府だの行政だのに期待しすぎている。

もっといえば、国家は必要悪として存在しています。近代国家というのは、本来、個人が自身でやるべきことを国家がまとめて肩代わりするという概念です。そこで、法律や警察といった機能、あるいは他国が攻めてきた時の軍事といった機能を、国民が国家に付託しているだけのことです。

これを社会契約論といいます。20世紀になって、「より積極的に国家に国民の福利に貢献してもらいたい」と、社会保障制度などが整備され、より多くのものを私たちは国家に委譲してしまうのです。ですが、こうした〝積極国家〟は際限がなくなっていくものなのです。

〝国家がやっていいこと〟に際限がなくなっていって、それが異常に膨張してしまったのが、ナチスのヒトラーであり、スターリン主義のような社会主義でした。膨張しすぎると最後に何が起こるのかというと、国民を殺すのです。助けるように機能すると思っていたら、むしろ社会契約を結んでいる側を殺してしまう。それが、第二次世界大戦前後の悲劇でした。

これを一度、世界は経験している。なのに相変わらず、人々は国家に「何かいいことをもたらしてくれる」と根拠のない期待を持っている。それは本質的に無理な話なのです。

国家という組織は巨大です。法治国家であるということは、裏返していえば、各制度の中でしか行動ができませんし、すべての人に一律のルールを適用せざるを得なくなる。要するに、杓子定規《しゃくしじょうぎ》にやらざるを得なくなってくるのです。

逆に、杓子定規にやらずに柔軟にやろうとすると、ひとつ間違えれば差別になるし、ひとつ間違えると恣意的な権力行使になる。

だから、極めて杓子定規で形式的な行動しかできない国家に「アタマをやわらかくしろ」と言うのは無理な話なのです。

国民全員が共感できるビジョンなんか現代社会にあるはずない

にもかかわらず、世の中の人は勘違いして、「政府はビジョンを示せ」「未来政策を出せ」と言ったりしますが、実のところビジョンなどというのは政策でも何でもありません。現代の社会で、そんな全員が共感するようなビジョンがあるはずがないのです。これだけ多様化してしまっているわけですから。

全員が共通の苦悩を認識していれば、ビジョンはつくりやすい。全員が本当に貧しくて、心の底からこの貧困から脱却したいと思っていれば、所得倍増のような話には全員が共感します。みんなで共通の夢を持てる。

ところが、今のこの時代に、所得倍増のようなビジョンを期待してしまっている人がいる。経済界にもいます。しかし、所得倍増なんて、あり得ないわけです。そもそも、ここまで価値観が多様化してしまって、豊かな人も貧しい人もいるのに、全員が所得倍増なんかに賛同するはずがない。

苦しみや悩み、痛みは、多くの人が同じものを感じます。お腹が痛かったら痛い。しかし、何をもって幸せと考えるか、というアップサイドの議論は人によって大きく異なります。幸せの話だけではない。例えば、オリンピックひとつ取ってみても、東京オリンピックが来ることで本当に嬉しい人もいれば、うぜぇなと思う人もいるわけです。あるいは日本選手が金メダルを取ることに大喜びする人もいれば、興味のない人もいる。

僕自身がそうですが、メダル候補の選手が個人的に気に入らないから、あえて外国人の選手を応援する人だっている。それを1億数千万人が同じように共感するなどというのは、無理なのです。それこそファシズムです。

結局のところ、国が政策上、なし得ることは法律をつくることと予算組みしかないのです。ビジョナリーの役割はできない。首相が誰だろうと同じことです。

オバマ大統領が"Change"と言ってみたけれど、うまくいかなかった。アメリカの3億人のチェンジする方向が、必ずしも同じではなかったからです。

オレはこっちにチェンジしたい。オレはあっちだ。私は向こう……。決まって、そんなふうになるのです。それは当然のことだと思います。あれだけ豊かで、かつ多様な国なのですから。

貧困層を何とかしましょう、とひと口に言っても、国の政策は貧困層にすべて同じ制度しかつくれません。しかし、アメリカの貧困層には、いろんな人がいるわけです。どうして貧困になったのか。もちろん事情がある人もいるけれど、本人に問題があるとしか考えられないケースもある。どうしてこんなヤツを救うんだ、という声が必ず出てくる。

手を差し伸べるべき貧困でなければ、自分でなんとかしてもらうしかない。しかし、貧しいという条件に関しては平等で、ある救貧措置をとれば、全員がそこで救われてしまうわけです。

だから、"Change"と言っても、国全体がひとつの方向に向かうことはできなかった。それは日本も同じです。多くのことを国に期待してはいけないのです。

世界経済の中で日本だけをインフレにできるはずがない

日本では、経済政策のアベノミクスに対する評価が議論されたりしています。成功だったのか、失敗だったのか。

私の理解は、想定通りに効いたことは効いたし、想定通りに効かなかったことは効かなかった、ということです。まったく意外感はありません。

2%の物価上昇目標を達成し、実質経済成長も上がったという状況を成功と考えるなら、厳しいでしょう。「それだけの経済成長ができていれば、消費税率も予定通りに上げられたのではないか」「それができていないなら失敗ではないか」という声もあります。しかし、そもそもそうなるわけはないと私は思っていました。

デフレは脱却したほうがいいに決まっています。今、物価上昇率は0・数パーセントと、少しプラスくらいにはなっている。デフレは脱却したのではないでしょうか。

ただ、緩やかなインフレになっていないわけですが、世界中がなっていないのです。そんな中で、日本だけがなるはずがない。

これだけ経済がグローバル化している時に、一国の金融政策でインフレ率を上げていくというのは、不可能です。そんなことは、最初からわかっていたはずなのです。もし、本気で期待していたなら、世界経済をまったく理解していないといえます。

また、実質成長は結局、潜在成長率で決まります。潜在成長率とは、資本と労働の量と生産性で決まる。日本は労働力が減っているから、そんなに簡単に上がらないのです。だから、生産性を向上させる取り組みを進めていますが、これには10年かかる。

仮に政策を打ったとしても、企業がその方向に向かっていろんなイノベーションをやっていったとしても、普通、花が咲くには10年かかります。2年や3年ほどでは、何も起きない。

では、最初から「できない」とわかっていた物価上昇を、なぜ目標に据えてしまったのかというと、かつて効いたことがあったからです。

もっと経済がのどかだった時代は、緩和的金融政策や財政出動をすると、失業率が下がって賃金が上がりはじめ、その賃金上昇から物価が上がる。また、賃金上昇によってコストが上がるから、どうしても値上げせざるを得なくなる。このふたつのパスで賃金上昇が起き、消費が強くなり、供給サイドと需要サイドの両方の要因で物価が上がる、という動きが起きていました。いわゆるフィリップス曲線です。

ですが、これは、経済が閉鎖的だった時代の話です。外から何も入って来なければ、そうなる。しかし、今はグローバル開放経済です。モノはどんどん入って来るのです。失業率が下がっても、モノは入って来るから物価は上がらないのです。

しかし、重要なポイントは、国内の労働集約型のサービス産業においては、物価は2％近く上がっていることです。サービス産業は、国境を越えて入って来ない。だから、きちんと政策が効いた。いわゆるローカルビジネスには効いたのです。だから、ここは想定通りなのです。

消費が活発化する政策を国が出せるわけがない

消費税の引き上げの延期は、景気刺激策という認識です。しかし、潜在的な心理として、いずれは消費税を上げなければいけないということは、国民もわかっています。2025年あたりから、国民医療費は急激に増えはじめます。団塊の世代が後期高齢者になるからです。医療費が爆発的に増えることがわかっている。自分の身の回りを見ると、近くに後期高齢者を抱えている。それを実感としてわかっていれば、合理的に考えて、お金を使わないでしょう。これは仕方のないことです。

あえて消費が活発化するとすれば、ひとつのパスしかない。社会保障負担の増加を上回る賃金上昇が起きるかもしれないという期待を人々が持つことです。

そのためには、潜在成長率を上げるしかない。労働生産性を上げるしかない。二十数年間、賃金は下がり続けたのです。これだけの長期間、下がっている。人間は通常、20年続いたことは、30年続くと考えるのです。

人々は、「賃金は一過性で上がっているだけで、また下がる」と考えている。あるいは「社会保障負担が増えるから、実質可処分所得は減り続ける」と考えている。合理的な予測をかなり強固に持っているのです。だから多少、デフレ期待がなくなったからといって、簡単に財布の紐は緩まない。

成長率を上げるのは、民間の努力、企業の努力以外にありません。もし、政府の役割があるとしたら、民間の努力を妨げるものを退けることぐらいです。なぜなら、自由主義経済なのですから。計画経済がそれをなし得なかったことは、20世紀の壮大な実験で証明されているのですから。

国なんかに期待しないことです。近代国家が成立して、約200年。その歴史に学ばなければいけません。

明治以来の教育システムでは、もはやいい人材は育たない

国に期待するな、という一方で、政策が大きく影響するものとして、ひとつ挙げておかなけ

ればいけないものがあります。それが、教育です。とりわけ今は、明治以来のキャッチアップ型教育の体系から脱却しないといけないタイミングに来ています。

初等教育、中等教育はうまくいっていると思っています。ここで身につけることは、基本的な言語能力であり、読み書きそろばんです。こういうものは最初から詰め込み型の教育が適しているに決まっています。

問題は、ここから先です。ここから先は、キャッチアップ型で学んでいったほうが人生が良くなる人と、そうでない人にわかれていくのです。

大ざっぱに言うと、2・6・2のバランスです。6の人はキャッチアップ型でいいかもしれない。そして下の2の人は、社会に迷惑をかけないよう初等・中等教育をもう一度、やり直したほうがいいかもしれない。

そしてトップの2の人は、そういうことをやっている場合ではない。自分の頭で考える能力を身につけてもらわないと困るのです。

ところが教育というのは難しくて、どうしても一律の議論をする。上の2割に光を当てすぎると、残り8割がおかしくなってしまう。だから、すべてを一律にしてしまう。

私は「グローバル型人材」「ローカル型人材」と呼んでいますが、上の2割はグローバルで戦ってもらわないといけない人材なのです。競争相手は国内の大学だけではない。オックス・

ブリッジ、ハーバード、スタンフォード……。そういうところに負けない教育をやってもらわないと困る。

果たしてそうなっているか。実際には、東京大学を出ようが、どこかの聞いたことのない大学を出ようが、卒業資格は同じ学士です。これは、キャッチアップ型の時代につくられた、一律の設置基準が影響している。偏差値75の学校も、偏差値35の学校も、基本的には同じ考え方で、ちゃんとした学士にしましょう、というものです。

これでは何も始まらない。だから今度、別の大学をつくろうという話を私も協力しながら推し進めています。専門職業大学です。従来の学力偏差値なら50かもしれないけれど、例えば介護なら偏差値70の学生を育てる。違う軸の一流大学をつくりましょう、と。

ところが、これには大学教授の人たちから猛反発された。えらい勢いで怒られました。「それはアカデミズムの冒瀆《ぼうとく》だ」と。しかし、どちらが冒瀆なのか。

わかりやすい例を挙げれば、高校野球。みんなが甲子園を目指すようなことは、もうやめたほうがいいのです。簡単な話で、2部制にすればいいのです。アメリカの学校では、当たり前に行われていることです。

将来プロになるためにテニスをやっている子供たちのテニス部と、生涯スポーツで趣味としてやっている子供たちのテニス部と、ふたつにわかれている。2部の子たちは、2部同士で試合をする。そして、一定以上、ランキングが上がると2部で試合に出られなくなる。

2部の中でも地域の試合があって、優勝したらちゃんとトロフィーももらえる。このほうが楽しいのです。それこそ2部なら週に3日ほどしか練習しない。みんながみんな、月曜から日曜まで練習するようなことはしない。

日本の高校野球型モデルというのは、明治以来百数十年のキャッチアップ型モデルの象徴的な存在なのです。

それこそ戦前の一時期は、旧制高校のように選別型が行われていた時代もありました。エリートはエリートという割り切りがあった。ところが、良くも悪くも戦後の教育が民主化された過程で、そうしたものをいったん、否定してしまった。

もう一度、本音ベースで教育体系を組み立て直さないといけません。それは政府の仕事ですが、選別だの、エリートだのをわける、というのは、政府の一番苦手なことでもあります。

しかし、だんだん時代は変わってきています。昔と違って、大学自体の商売が厳しくなってきている。需要が強烈な時には、変える必要はないのです。しかし、供給側のほうが多くなり、需要が足りなくなってくると当然、差別化を考えるようになる。

偏差値70の子供を相手にする大学、偏差値40の子供を相手にする大学、というふうに、それぞれの世界で差別化しようと、マーケットメカニズムは働き出している。

実は「グローバル人材」「ローカル人材」の話は、むしろ偏差値の低い大学から称賛を受けています。自分たちに光を当ててくれている、ということでしょう。怒っているのは、プライドばかり高い中途半端な有名校だったりします。

症例19

スポーツや芸術は才能だけど、勉強は才能と認めない教育制度

ここ数年、公立の中高一貫教育校に注目が集まっているようです。高校受験がないという魅力に加え、もしかすると今のシステムとは違う教育の形を、人々が自然に求め始めているのかもしれません。

日本の教育制度は、先進国の中では異質です。というのも、極めて〝平等〟なのです。例えば、人口対比で見てもイギリスの大学数に比べて日本の大学数は膨大です。誰しも本人が望めば大学生になることができます。しかし、それが手放しで喜ぶべきことなのかといえば、必ずしもそうではないのが現実です。

人には生まれながらにして、何らかの才能が神様から与えられていると思うのです。考えるべきは、人それぞれが与えられた才能を最もいい形で活用し、伸ばしていく努力を続けること。肉体的能力に優れた人はオリンピック

を目指し、頭脳的能力を持った人はトップの大学を目指せばいい。

間違えてはいけないのは、偏差値トップの大学に入ることだけが、人間の優劣を示す基準ではまったくないということです。スポーツや芸術では人を才能でわける傾向があり、抵抗感もさほど感じません。誰も「努力すれば100mを10秒で走れる」とは思わない。なのに、なぜか勉強だけは「努力すればいい大学に入れる」と、才能の違いを認めようとしないのが日本の教育制度だと思うのです。

欧米のトップ大学は、努力をすれば入れるわけではありません。素質を見るからです。試験は日本とまったく違い、点数による合否だけではありません。そもそも、受験できる指定高校も決まっていたりする。つまり、ペーパーテストのための〝努力の糊代《のりしろ》〟をできるだけ受験生につくらせないことで、もともとの才能の優劣を見えやすくする。その代わり、素質を認められ選ばれたら、社会のリーダーになるべく徹底的に鍛えられます。

日本の戦後の教育制度には優れた面もあります。国民全般の教育水準を底上げし、戦後の日本の発展に重要な役割を果たしたことは間違いないでしょう。ボトムアップによって、社会や企業の生産性や効率を上げ、安定をもたらした。しかし、リーダーとしてのギフトを持っていた人たちを、さらに伸ばしていくという教育の発想はあったでしょうか。

経済が国際化し、政治も複雑化するなかで、リーダーの役割はますます重要になっています。もはや国民全体のボトムアップだけで、日本が国際競争を勝ち抜くことはできない。リーダーを選び、伸ばすことも重要なのです。しかし今の日本は、タテマエの素質平等論の上に、中途半端なエリート育成システムが乗っかり、アブハチとらずになっています。

私自身、ふたりの息子を持つ親として、中学受験は半年ぐらいの受験勉強で受かる学校に行くべきだと思っていました。世間で「一般的」といわれているのは小学4年生からの3年間の受験勉強だそうですが、そんなことをして入った中学校では、すぐにまた受験に向けた勉強を始める。それでは人間形成の大切な時期を何も得ずに終え、最後まで自分のギフトに気づかないでしょう。

ひと頃、東大生のノートが美しいという本が話題になりました。残念ながら、私の東大時代のノートは今読み返しても何を書いているかわかりません。

症例20

激化する研究者の獲得競争に日本は負けつつある

私自身、ノーベル賞受賞者の野依良治さんも務めておられる文部科学省の委員会で委員を務め、また、科学技術系の企業の経営コンサルティングやベンチャー立ち上げ支援をしてきた経験もあります。何より子供の頃は数学少年でしたし、科学技術が大好きでした。しかし、科学技術に対する政府の姿勢には、残念ながら懸念を持たざるを得ません。

例えば「経費」と「投資」の区別です。企業経営では当たり前に別物の両者ですが、国の予算では両者が混然一体で議論されています。経費的予算は、文字通り支払われるのみで、短期的な費用対効果の視点から削る／削らないが判断できます。しかし、投資的予算は違う。削る／削らないではなく、投資効果、すなわち将来この国をどうするかという国家戦略で判断されるべき。そしてその判断は国家のトップが総合的観点からすべきなのです。

日本のように資源もなく、知的資源のみが生命線の国は、国際競争が激化するなか、何で稼いで食べていくのか。その核として科学技術が挙げられ、そこに投資を進めることに異論はないでしょう。事実、欧米では、ＧＤＰ対比で日本の倍以上の公的資金を科学技術予算に組み入れている国が多く、近年はほとんどの国で増加傾向にあります。１０００に３つしか事業化されないといわれる基礎研究のリスクが民間に負えるはずがない。そして、少しでも可能性のある研究に、重点投資が行われます。これも世界で当たり前に行われていること。どの研究にも等しく平等に、などという発想では他国に太刀打ちできないのです。

　世界では今、研究者の獲得競争が激化しています。予算が満足にもらえない優秀な研究者が、他国にヘッドハントされてもおかしくない。シンガポールなど、そうやって科学技術立国たろうとしている国は多くあります。日本も例えば、理数系の人たちが高い報酬を得たり、社会的な名誉が得られるようにしなければなりません。さらにグローバル競争が当たり前のサイエンスの世界では、大学も無国籍に開かれなければならない。となれば、アジアのトップサイエンティストが、どうすれば日本に来てくれるか、そして日本に永住してくれるかを考える必要があります。エリートが満足できる環境を整えないと、日本は頭脳を集めたり、抱えられなくなるのです。

人類はこれほど長い歴史を持ちながら、わずかこの100年ほどの間に、驚異的な成長を遂げました。江戸時代には、GDPは今の300分の1だったのです。では、何が変わったのか。私は大きくわけると結局は3つしかないと思っています。私有財産権の確立、貨幣経済の発達、そして科学技術のイノベーションです。今、前ふたつは世界中で成熟期に入ろうとしています。そうなれば、後の変数は科学技術しかない。世界はそのことに、すでに気づいているのです。

症例21 世界中から優秀な子供を集めるアメリカはこの先も安泰

交換留学制度で留学中の次男を訪ねて、通っている高校を見せてもらったことがありました。広大な芝生が広がるグラウンドには、フルスケールの400mのトラックのほか、専用の野球場、サッカー場が連なり、複数面あるテニスコートでは一流のコーチが教えてくれる。スポーツ施設だけでなく、音楽堂など文化施設も立派。日本の大学よりも充実した設備が揃っている高校でした。しかもこの学校は公立なのです。アメリカがいかに教育にお金をかけているか、まざまざと見せつけられました。

もっといえば、この高校のあるパロアルトはスタンフォード大学のお膝元で、知的エリート層が数多く住む財政的に裕福な町です。生徒も富裕層の子弟が多い。にもかかわらず、授業料はゼロでこれだけの設備。全校一律・横並びの日本では、到底許されないことでしょう。しかし、アメリカではこうした教育行政に対する非難の声は聞かれません。国民は、すべてを理解したうえでそれを許容しているのです。なぜなら、ここで育った次世代の若者が、将来国力を高めてくれれば、結果として自分たちもその恩恵を享受できるチャンスがあるから。

そしてもうひとつ驚いたのは、通う生徒にアジア系が極めて多いことでした。中国、韓国、そしてインド系。皆、子供により良い教育を受けさせるために各国から引っ越してまで通わせている。他方、日系はほとんどいません。こうした状況は大学も同様で、今やスタンフォード大学でも、大学院では米国出身の白人はマイノリティといわれています。

しかし、それにアメリカ人が危機感を持つようなことはありません。全世界からベスト&ブライテストがアメリカに来てくれることが、将来の大きな国益につながると知っているから。事実、ここで学んだ人材の多くはシリコンバレーなど実力主義の世界で能力を発揮・開花させ、それに見合ったリターンを得るとともに米国に雇用と富をもたらしています。グーグル、アップル、インテルが世界中からどれだけの富を米国にもたらしているか、日本にいても想像に難くないはずです。

知識集約型産業では、例えばひとりのスーパースターが現れれば、1万人分にも相当する付加価値を生むようなイノベーションが起きる。そのイノベーションから10万人の雇用が生み出される。そんな時代に、今なお変わらない画一的な日本の教育システムは正しいものといえるかどうか。高い能力を持った人材を確保・育成することが可能なシステムでしょうか。教育にせよ、報酬にせよ、アメリカは思い切って大胆に成果に報い、社会はそれを許容します。さて才能に恵まれた若者はどっちに行きたいと思うでしょうか。

もちろん日本と米国では文化社会的な背景が違います。だから勝ちパターンは当然違うはずです。しかし、日本は今のままでは、労働市場でも圧倒的に不利な立場になってしまう。米国どころか、お隣の中国や韓国にも後れをとりつつあるのではないでしょうか。教育は国家百年の計です。本当の国益とは何か。そこから考え直す時期にきています。

症例22

行政の定める標準家庭モデルはあまりにも現実とかけ離れている

社会システムの改革議論が行われていますが、ここで大事な視点が抜け落ちている気がしてなりません。再設計の前提となる標準家庭モデルです。

今なおイメージされているモデルは、会社員のお父さん、専業主婦かパート・アルバイトのお母さん、子供2人、世帯年収は700～800万円というもの。しかし、果たして今、これが現実的なものといえるかどうか。

現在の世界の経済的現実を踏まえた時、サービス業で700万円の年収というのは極めて難しい。もちろん一部には高給を取る人もいますが、ボリュームゾーンは夫婦ふたり正社員で共働きの合算で700～800万円、というのが現実的です。実際、若い世代では、このモデルで働く世帯がだんだん増えてきている。

したがって社会システムを再設計する時には、この新しいモデルで税制や社会保障体系、教育、医療などをつくり直していく。これが、長期的な国の成長戦略として極めて重要だと思うのです。

日本の生産性を上げるうえで、最も改善余地があるのは、女性の労働参加率です。端的に言ってしまえば、女性の働き口を増やし、女性が働き続けられる社会システムをつくり上げること。それが、生産性の上昇につながる。

すでに欧米の先進国でも、一般家庭の専業主婦モデルはほぼ姿を消しています。アメリカは日本から製造業を奪われ、'70年代以降、高度な知識集約型産業と、労働集約的なサービス産業に産業構造が分化してしまった。結果、専業主婦が主役だった『奥さまは魔女』的な世界は消え、ごく一部の高所得者層を除いてほとんどの家庭が共働きです。

現在の日本の標準家庭モデルができたのは戦後です。戦前は、農家でも商家でも共働きは当たり前でした。実は勤め人そのものがまだ珍しく、専業主婦モデルなどなかったのです。戦後のモデルは、超工業化社会の、ある種の一過性の現象でした。特殊な時代の仕組みだったのです。

脱工業化社会といわれて、ずいぶんたちます。専業主婦モデルが続けられないことは、とうに気づいていたはず。戦前に戻ってパパママ自営業や農家になるか、勤め人なら夫婦で働くか。そうでないと生計は成り立たない。その中でどうやって生産性を高められるか、賃金を高められるか、子育てをしていくか、こそがリアルな問いです。

政府の議論が懐古主義的になると、新しい社会システムづくりが歪められてしまう危険があります。オールドモデルにしがみついていることは、経済成長の長期的な足枷《あしかせ》にますますなっていく。実は改革議論の重要な視点なのです。

症例23

黒字だろうが赤字だろうが企業に法人税を払っていただきます

経済成長戦略の一環として法人税減税が検討されました。しかし、その効果は、慎重に見極めなければなりません。

もとより法人税というのは、課税根拠が曖昧な税金です。法人は人ではなくフィクション。「架空の存在から税金を取るのはおかしい」という議論が昔からありました。利益課税型の法人税は、歴史的に戦費調達がきっかけになっている場合が多い。非常時なので取りやすいところから取る、という発想から始まったのです。

ただ、実際、企業は経済活動として道路を使い、ゴミを出し、水道を使っています。社会インフラを使っているという意味では、その対価として税金を納めるべきという論理は理解できます。ならば利益が出ている企業のみから法人税を取るのはおかしい。赤字企業も、社会インフラを使っているからです。この理屈なら、黒字だろうが赤字だろうが、関係なく課税するほうがフェアです。

日本では法人のうち、実に平均7割が税法上の赤字法人です。つまり、税金を払っているのは実質3割しかない。結果的に、一生懸命頑張っている強い企業は、赤字企業よりも、税金という一種のペナルティを科されていることになります。これは合理的ではない。

企業の競争力の向上を妨げない税体系を採るべきです。これは、生産性向上という日本企業の課題解決にもつながっていきます。税制も含め、低生産性企業への延命政策を止める。そして弱い企業は退出を求められ、生産性の高い企業へと事業と雇用が集約され、給料も高くなり、経済社会全体は豊かになる。

多くの企業が法人税を払っていないのは、各種の優遇税制の存在も大きいでしょう。とりわけ中小企業や重厚長大産業の一部など特定の産業に、もはや経済成長とあまり関係のない優遇措置が少なからず残っている。こんな状態なのに減税を議論する意味があるのでしょうか。

むしろ長期的にこの国の国民経済を豊かにするためには、利益課税型の法人税は引き下げ、企業の新陳代謝を促すためにも優遇税制を廃止する、というバーターにしてはどうでしょうか。弱い企業や産業からの陳情的な声には耳を貸さずに、本来のあるべき姿を考えてみればいいのです。

経済成長の議論は企業のために行われているわけではありません。企業はあくまで、国民経済を豊かにする手段でしかない。政府がどこまで踏み込むか。胆力が問われます。

症例24

過剰な優遇や補助金で、これ以上ゾンビ企業を延命してどうする？

グローバル化の進展で、先進国の雇用に起きたこと。それは、ローカルな経済圏で働いて給料をもらっている人の比率が上がったことです。これはアメリカでもドイツでも日本でも同じ。

グローバルな経済圏の競争者はどの機能を世界のどこに置くか、徹底比較した結果、そのエリアを選択します。そしてグローバル経済で本当に必要なのは、高度人材だけ。量的な雇用吸収力はない。

では、どこで国民は収入を得るのかというと、空洞化が起きない産業。つまり、国内のサービス産業です。日本でいえば、ここで食べている人が8割にのぼる。

ところが、アベノミクスで語られているのは、グローバル経済圏の話が中心です。だから、8割の人には恩恵がない、というような話になる。本当に必要なのは、ローカルな経済圏で働く8割の人の賃金や雇用をどう持続的に増やすか、という議論なのです。

また、グローバル経済圏で潤っても、今やローカル経済圏にすんなりトリクルダウンしてくることもない。かつてのような、大手のグローバルメーカーを頂点に中小下請け、孫請けといった産業構造ではないからです。ローカル経済圏は、ほとんどが独立したサービス産業。グローバル経済圏の潤いは直接、降りてはこない。

では、どうすればいいのかというと、答えはシンプルです。ローカル経済圏の産業の労働生産性を上げること。これこそが、賃金を上げ、雇用を拡大させる方法です。そして、そのために有効な方法があります。産業の密度を高めることです。端的にいえば、M&Aによって、高密度の寡占状態をつくる。効率のいい経営をしているところに雇用や事業を集中させ、生産性を高めるのです。

逆に、生産性の低い会社やブラックな会社は退出してもらう。税制優遇や補助金で低生産性の企業を守ってきたのが、これまでの日本でしたが、もうゾンビ企業は延命させない。過去、確かに製造業が衰退するなかで、他の産業が雇用の受け皿になるという存在意義はありましたが、もうそれも必要ない。なぜなら今、サービス業では、労働力はまったく足りていないから。

都内のファストフード店が、人手不足で店が開けられないというニュースがありましたが、実は地方都市ではもっと早く人手不足が起きていました。今、地方都市で大規模なショッピングセンターなど、つくろうと思ってもつくれません。なぜなら、従業員を確保できないから。

産業の密度を高め、ゾンビ企業に退出を願うという政策の大転換は、「従業員が路頭に迷う」という経営者の大反発に遭うかもしれません。しかし、このセリフはもう通用しない。なぜなら、路頭に迷わないから。

自律的な力を持っている企業を応援し、事業や雇用を優良企業に集中する。そうした地に足のついた政策こそが今、求められているのです。

症例25

大学のほとんどを高度職業訓練学校に変えてしまえ

事務所の会計処理をめぐって、大臣が辞任するなど、政治とカネの問題は頻繁に騒ぎが起きます。どうしてこんなことが起きるのか、背景にはモラルの問題もありますが、一方で単純に会計処理能力の問題も大きいと思っています。

事務所の会計は単式簿記レベルですから、難しいはずがない。ところが、それすらできない。おそらくスタッフは大卒者でしょう。裏を返せば、大学を出ても簿記のひとつもできない人が多いのが現実だ、ということです。

折しも私は、文部科学省の実践的職業教育をテーマにした有識者会議に呼ばれました。第1回の会合では都合が合わず、持論を書いた資料を提出したのですが、これがネットに公開されたことで、ちょっとした炎上騒ぎになったようです。

会議のテーマは、平たくいえば専門学校をどうするか、ですが、問題の本質はそこではないと思っていました。なぜなら、専門学校は自由競争が進み、ダメな学校は淘汰されていきます。いい専門学校の卒業生は就職率も大学より高い。だって簿記などの実践技能を身につけているから。それより日本の多くの大学こそ、高度職業訓練学校になるべきだと思っていたのです。

文学部ではシェイクスピアを学ぶのではなく、観光業で必要な英語や歴史・文化の名所説明力を学ぶ。経営学部ではマイケル・ポーターの戦略論ではなく、簿記・会計とそのソフトの使い方を。法学部は憲法、刑法でなく、宅建や大型第二種免許を取得させる。工学部では機械力学や流体力学ではなく、トヨタで使われる最新鋭の工作機械の使い方やウェブ系プログラミング言語の習得。要するに、学問より実践力です。

ところが、これにアカデミズムの人たちが嚙みつきました。大学をいったい何だと心得ているのか、と。弊社にも某大学の教授から電話がありました。しかし、多くの学生が本音で学びたいのは実践力でしょう。なぜなら、社会ですぐに役立つし、就職にも有利だから。社会の側も平均的な学生に期待するのは実践力です。実際、一部の私立大学ではこのシフトに取り組み、就職実績も偏差値も上がった実例があります。

多くの大学でこのシフトが進まないのは、実務訓練を見下しているから。おかしなプライドが、役に立たない学生の大量生産をもたらしている。大学は専門学校を下に見ますが、実は早稲田大学だってもともとは専門学校としてスタートしている。誰も求めていないことをやり続けていては、大学は教授陣や事務員の失業対策所、と思われても仕方がない。

リベラルアーツ教育、すなわち教養教育の本義は、まさにアーツ、人間が現実社会を生きていくための「知の技法」です。福沢諭吉翁も『学問のすゝめ』に書いていますが、簿記会計なんて学問中の学問、教養中の教養です。

もちろん本当にアカデミズムを学生が追求できる大学もあっていい。しかし、それはグローバルで競争できるレベルでなければなりません。理系なら世界一の技術開発、文系なら世界のルールを日本に有利に決められる人間の輩出です。しかし、アメリカだってイギリスだって、そんな学校は数えるほどしかない。日本も、せいぜい数パーセント。東京の大学でも4校程度でしょう。

正直、これほど騒がれるとは思っていませんでした。裏を返せば、そこに問題があるから騒ぐ。どうでもいい提案ならスルーするはずです。これで、ひとつアジェンダ設定ができました。そしてこの議論は新たな実践教育を行う大学類型の新設という形で結実しつつあります。世界でもトップレベルといわれている専門学校で「学士」がもらえる時代がやって来そうです。既存の大学でも、それこそ地方の大学を中心に、実践志向、実社会志向の教育を模索する動きが加速しています。してやったり。炎上させてくれた〝誇り高き大学教員〟の皆さんに心より多謝深謝です！

5章

会社病を一掃できるリーダーに必要な条件

「この問題については自分が世界一」だと言えるか

これからのリーダーには何が必要になるのか。ひとつは、やはり自分の頭で考える、ということでしょう。ただ、普通に考えるのではない。心のどこかで今、この状況で、この問題を判断することについては、自分は世界一だと思っている。そのくらいの自信があるかどうかが問われると私は思っています。

「世界一」と言われると、とても不可能なことに聞こえるかもしれませんが、〝もの凄く特定の状況で〟という条件でいいんです。具体的にリーダーが物事を判断するのは、常に特定の状況です。そういう時に、強い思いを持てるかどうか。

そのためには、普段から人より、ものを考えていることが必要になる。あるいは、人とは違う視点で、ものを考えるよう努力している。あるいは最低限、一定レベルの勉強をしている。あるいは、人よりもタフな経験をしている。そういう条件が必要になってきます。

こうしたリーダーの条件は、今も昔も変わりはないと思います。ただ、実のところ日本では、高度成長期には本当の意味でリーダーなんか必要なかった。そこが、高度成長期と今のリーダーの違うところです。

あの頃は、たいした意思決定はしていないのです。ふたつ明確に道がわかれていて、こっちに行けば天国、こっちに行けば地獄かもしれない、という道をどちらか選ぶ、なんて意思決定はほとんどなかった。

高度成長期には、基本的には拡大成長だったのです。せいぜいタイミングが今年か来年か、くらいの決定案件。所詮は設備も拡張していくのです。製品開発にしても、改良型の連続的イノベーションをやっていた。

しかし、今は違います。だから、リーダーは自分の頭で考えないといけない。この状況においては、自分が世界一立派だと思っていなければいけないのです。グローバル企業だとかローカル企業だとか、経営トップだとか現場のトップだとか関係ない。弊社が経営しているバス会社の人たちだって、みちのくの道を走らせたら世界一のバス会社だと思っています。

自ら進んでタフな環境に身を置き、ストレス耐性を身につける

もうひとつ、リーダーに必要なこと。「自分が世界一だ」と思えるためにも、タフになる必要があるでしょう。タフな環境をあえて選んでいく必要がある。

現代は、タフな経験をする機会は、どんどん減っています。理不尽なことも、どんどん減っている。予定不調和や不確実な状況が、世の中から減ってしまってきているのです。生きるのが楽になっているし、予測可能性が高くなっている。

例えば今、交通事故死は５０００人を切っています。２０１５年の事故死者数は４１１７人。昔は2万人近くが死んでいた時代があった。家を出て会社に来るまでに、交通事故で死ぬ確率は間違いなく今のほうが下がっているのです。地震で人が亡くなるにしても、実は亡くなる人数は昔に比べると減っているのです。三陸津波では、住民の半分くらいが亡くなったといわれている。東日本大震災では、約10％でした。もちろん安全は素晴らしいことですが、それだけ理不尽さは減っているという事実がある。世の中は格段に安全安心で、予測可能性が高くなっ

ている。

予定調和的な社会では、タフな能力を磨く機会は減っていきます。こうなると、どうしても人間は鈍くなる。ストレスに対して弱くなる。これは、近代化して、豊かになっていくことの宿命的な負の側面です。タフな環境を選択し、そこを勝ち抜いていく、という経験は積みにくいということです。

では、今の優秀なリーダーはどうやってタフネスを身につけたのか。実際には、偶然の要素も大きいと思います。日立を復活させた立役者の川村隆さんは、乗っていた飛行機がハイジャックされて死にかかった経験を持っている。「ここで世界観、人生観が変わった」とおっしゃっていた。そういう経験が、後の人生に大きく影響したことは間違いないでしょう。

もちろん、こういった生死にかかわるような状況でなくてもいい。追い詰められたり、もめごとに巻き込まれたり、そういう経験は大きな意味を持ちます。

もっというと、普段からの本人の心がけ次第でも変わります。何かが偶然起きた時、それを自分の糧として大事にできるか。それを価値にできるか。同じ出来事でも、まったく反応しない人は、ボーッと、その経験が過ぎていってしまうだけなのです。

もし、本気でリーダーになりたいと思うのであれば、自らタフな環境を選んだほうがいいと思います。そして、周囲はコイツをリーダーにしようと思ったら、そういうタフな環境に放り込んだほうがいい。気づきの可能性が高くなるから。あるいは、そこで自分の適性もわきまえられるから。

大きなストレスがかかり、「ああ、もうダメかもしれない」と追い詰められる状況で、アドレナリンが出て高揚感を得られるタイプなのか。それとも、ストレスに打ち負かされるのか。これもやってみないとわからない。

実際、紛糾したり、もめごとがあると、高揚感が漂って、むしろストレスを感じなくなる、気分が良くなる、という人もいる。そういう人はリーダーに向かって突き進んだらいい。

カルロス・ゴーン社長もそうだと思いますが、百戦錬磨の社長は皆、そういう傾向を持っていると思います。日産自動車は、三菱自動車を傘下に収めましたが、三菱自動車がぐちゃぐちゃになればなるほど、きっと燃えてくると思います。実際、久しぶりに楽しそうな顔に見える。ワクワク感が漂っている。

逆に、不安定な状況に耐えられない人、すぐ片付けたくなる人は、これからのリーダーには向いていません。平和主義者、紛争や軋轢がない状況が自分は心地良いという人は、リーダーにならないほうがいい。そういう時代がきているのです。

英語や中国語だけじゃない、音楽や簿記会計の言語も身につける

リーダーに必要なこと、3つ目は広い意味での言語能力を身につけておくことです。日本語だけしかできないよりは、英語もできたほうがいい。スペイン語や中国語もできたほうがいい。母国語プラスふたつくらい言語能力を持っていると、ものの考え方にも影響を与えるからです。もっと理想論を続ければ、英語でもペーパーが書けること。これは実際にやってみると面白いのですが、日本語にすると難しいのに、英語なら簡単に書けたりする。アタマの使っている場所がずれるのだと思います。

そして言語といえば、簿記会計もそうだし、プログラミング言語もそうです。これらは、ビジネスの言語です。簿記会計は英語では「language of business」。この言語能力を持つことによって、思考能力が高まります。

音楽もそうです。楽譜が読めて、それをすぐ音に変えられるかどうかは、言語能力です。これがあれば、大人になってから、いろんな楽器に手を出せる。もっといえば、数学も言語です。

音楽と数学は、本質は同じなのです。

勉強というと、偏差値的な能力を思い浮かべる人も少なくないかもしれませんが、そうではありません。少なくともいえることは、言語能力や、言語をもとにした論理的思考力は、低いより高いほうがいいということです。論理的思考力のあるなしは、その人に文章を書いてもらうとよくわかります。50字ぐらいの文章で、もうわかります。

人間の善良さも邪悪さもフラットに受け入れないと洞察力は持てない

リーダーに必要なこと、4つ目は、人間に好奇心を持つことです。人間の善なる側面も、悪なる側面も、高貴なる側面も、邪悪なる側面も、すべてについて中立的に好奇心を持っていますか、ということです。その中立な好奇心がなければ、洞察力は生まれません。

ところが、ここにバイアスがかかってしまう人が多い。「人間は悪よりも善が好き。邪悪よりも高貴なるものが好き」といったような説を平気で語ってくる人がいますが、そんな決めつけで物事を観察すると、客観的に人間を見られない。人間という存在を、正しく観察できなくなる。「あの人は正しい人だ。あの人は悪人だ」などという安易な切り口でしか人が見られなくなる。

リーダーは、人を動かさなければいけないのです。どのくらいフラットに人間そのものを見つめられるか。でなければ本当の人間は見えてこないし、人を動かすこともできない。

人を見る洞察力があれば、人のインセンティブがわかります。この人は名誉が欲しいのか、お金が欲しいのか、権力が欲しいのか、単に好かれたいのか、その場の空気に合わせることが大事な人なのか。

同調圧力に弱いな、と思ったら、同調圧力を生むような状況をつくれば、こちらの思いのままの方向に向かっていく。反対勢力の中の人には、実は信念で反対しているのではなく、空気で反対している人も少なくないのです。

私は、日本では東京大学の教授や、インテリのサラリーマンの偉い人の基本的な行動原理の第一は、恥ずかしさと同調圧力だと思っています。

恥ずかしさの最大の源泉は、みんなと違うことをやっているということです。みんながネクタイをしているのに、自分がしていない、という状況が恐ろしい。逆に、みんながネクタイをしていないのに、自分がしていることも恐ろしい。

大手町や丸の内の人たちの基本的な行動原理はこれです。逆にいえば、それを使えば、彼らは動くということです。恥ずかしさと同調圧力、場の空気、空気への同調。そういうもので、世の中は動かせるのです。

自分が上下左右の関係者からどう見られているか、正しく認識できているか

リーダーに必要なこと、5つ目は、自分に対するメタ認知です。リーダーというのは一種の権力者です。権力を保持している状態を、周囲から否定されてしまうと力を失います。言うことを聞いてくれなくなってしまいますし、引きずり下ろそうという力が働きますから、自分のポジションを維持するので精一杯になってしまって、仕事ができなくなってしまう。最近、記憶に新しいところでは、舛添前東京都知事がそうでした。

権力闘争のために力をすべて使うことになってしまうと、本来、やりたいことのために力を使えないのです。

そうならないためには、メタ認知が必要です。つまり、他者、まわりの上下、左右、斜めの人たちが、どんなインセンティブで、どういうつもりで自分に従っているのか、あるいは従っ

たふりをしているのか、さらには従っていないのか、理解しておかなければいけません。かつ、自分が彼らからどんなふうに見られているか、認識しておかないといけない。それができていないと、あっさり裏切られるようなことになりかねないのです。

メタ認知は、実は簡単なことではありません。あえていうと、例えば自分の奥さんのように、ズバッと言ってくれる人を身近に置いておく、というのが教科書的な答えですが、聞く耳を持たなければ、それでおしまいです。

昔とは違い、これからの経済は難しい状況が続くので、リーダー稼業は、ある種の上昇意欲や人一倍の自己実現意欲を持っていないと耐えられないところがあります。立ち向かうエネルギーが足りなくなるのです。

ただし、自己実現したい、上昇したい、力を持ちたい、人の上に立ちたいという意欲は、多くの場合、自己愛やコンプレックスに動機づけられている場合が多い。

ところが、この自己愛とコンプレックスは、得てしてメタ認知能力を減殺してしまうことが多いのです。このあたりが、難しいところです。

コンプレックスが強烈であるということは、自己愛が強いということです。こういう人が、上昇志向を持つ。ただ、こうやって成り上がっていった人は、悲劇的な結末を迎えやすい。それは、メタ認知の欠如なのです。

では、どうすればいいのか。私も仕事柄、ダイエーの中内㓛さんをはじめ、このタイプの経営者も数多く見てきましたが、答えはシンプルです。どうしようもないから、ひたすら突っ走る、要するに「頑張り続ける」ということです。なぜならメタ認知の欠如はこのタイプの人の業であり、だからこそまわりが何と言おうと、そこまで成功できたのです。中途半端に第三者の意見を聞く仕組みだの、諫言《かんげん》してくれる部下をそばにおくだの、格好つけてる場合ではありません。そんなことを下手に考えはじめると、たいていは失速します。地獄まで突っ走るか、本田宗一郎さんやイトーヨーカ堂の伊藤雅俊さんのようにスパッと身を引くか、どちらかです。

だから必要なメタ認知能力はただひとつ、自分に「ヤキがまわった」かどうかの認知能力だけ。それがわからないほどにボケてしまったら、やや悲劇的な結末ですが、この手のリーダーはまわりが力ずくで引きずり下ろすしかない。むしろ家族を含め、周辺の人たちの覚悟が大事です。悲劇度は、それが早いか遅いかにかかっています。

一方で、ようやく日本にも出てきたプロ経営者はまた違います。今のところ彼らのインセンティブは基本的に自己承認欲求だと私は見ています。権威ある人なのか、オーナーなのか、企業なのか、勲章なのか、制度なのか、「エラい人や世間様に認めてもらいたい」という欲求。日本のプロ経営者は、このタイプの人が多い。

そこは、創業者とはまた違うところです。しかし、それはそれで構わない。ただしこのモデルはあくまでも雇われ経営者ですから、メタ認知をしっかり持っていないとあっさりクビを切られます。つまり、リーダーとしての上昇志向を持っていると同時に、メタ認知能力もあり、そのバランスをとれるプロ経営者。これはなかなか難しい。だから彼らの多くが志半ばでその地位を追われてしまう。でも、合理と情理、自己欲求とメタ認知、そういう複合的な能力を持つ人材の厚みをつくっていかない限り、日本企業の未来はありません。

症例26

『忠臣蔵』をリーダーの資質という観点で眺めてみると

毎年12月になると、必ずどこかで目にするのが、『忠臣蔵』です。300年以上も語り継がれてきているわけですから、よほど日本人の琴線に触れるのでしょう。しかし、経営のリーダーは、違う角度で物語を見るべきだと思います。

例えば、重要な登場人物は、経営論としては絶対にやってはいけないことをしでかしています。浅野《あさの》内匠頭《たくみのかみ》が松の廊下事件で切腹を命じられ、お家とりつぶしとなったことが物語のベースにありますが、多くの家臣を抱える藩の主である人物が、私怨だけで軽はずみな行動に出てはいけない。自らはともかく、多くの家臣を路頭に迷わせるような行動をリーダーは絶対にしてはいけません。また、家臣は、なんとしてでも主君の暴走を止めなければならなかった。

そして一方の吉良上野介《きらこうずけのすけ》も、脇が甘かったと言わざるを得ない。討ち入りが噂されながら、あっさりと組織的な討ち入りを許してしまった。あれほどの恨みを持たれていたと想像できず、まわりの藩主たちが自分たちをどう見ているのかも、見極めきれていなかった。

『忠臣蔵』で唯一、リーダーとしてまともな行動ができたのは、大石内蔵助《おおいしくらのすけ》だけでしょう。戦術の立て方、人心掌握などもそうですが、何より客観的視点で鳥瞰《ちょうかん》的に物事を見ていた。自らがフィールドプレーヤーとして行動しながら、まわりから自分の姿がどう見られているのかを把握し、全体を動かすプロデューサーとしての能力も発揮していた。これこそまさにリーダーに必須の能力です。

しかし、そんな大石ですら、見抜けなかった点があります。それは、時の為政者に、非常に都合の良い物語であったということです。そもそも松の廊下事件の何に赤穂浪士たちが怒ったのかといえば、幕府の下した処分でした。であるならば、本来その怒りは幕府に向かうべきものだったはず。こんな不公平な審判を下した幕府はおかしい。制度を正すために討ち入りだ、と。ところが、怒りは吉良家にだけ向けられた。合理的な議論ではなく、情緒的な議論で物事が判断されたわけです。

『忠臣蔵』に代表される武士道的な精神、言い換えれば情緒的な議論を日本人はとても好みます。そこには何か日本人の美しさのルーツのようなものがあるイメージを持つのでしょう。しかし、実は武士道とは、支配階級のロジックであることに注意する必要があります。そもそも武士は、人口比で5％程度しかいなかった。そんなものが日本人を代表する精神のはずがない。

実は日本人の90％は農民であり、町民の出だった。むしろ武士道なんて、まったく関係がない世界に生きていたのです。言ってみれば、もっといい加減で、もっと大らかで、もっと自分勝手に生きていた。でも、世界的に評価された文化はここから生まれたことを忘れてはなりません。浮世絵しかり、歌舞伎しかり。

明治維新だってそうだった。あの時、国を動かしたのは、郷士たちでした。武士階級のエリートなどではなく、今でいえばノンキャリアであり、非正規社員だった。高杉晋作は、なぜ農民を率いて軍隊をつくれたか。彼がエリート武士階級ではなかったからです。新撰組はなぜあれほど恐れられたか。本当に実力のみ、強さのみで選ばれた農民出身の侍が中心だったからです。

5章

人はつい情理に流されてしまいます。もちろん情理も大事です。しかし経営では、合理と科学を突き詰めた先にこそ情理はあるべきです。リーダーはそのことを忘れてはなりません。ついつい情理が先に立とうとする時こそ、危険信号です。当たり前のように多くの日本人に支持される『忠臣蔵』の物語も、まずは醒めた目で眺めてみるべきだと思うのです。

症例27

松下幸之助や盛田昭夫をもう一度、は安易すぎ

名門企業の苦境のニュースが流れるたび、改めて日本型企業ガバナンス構造の限界を感じざるを得ません。ボトムアップ、部門利益尊重、協調型……。確かに、かつての日本はこうしたキーワードに象徴される経営モデルで世界を席巻しました。しかしそれは、右肩上がりの経済で、質的な変化が遅く、量的な変化だけが激しい世界だったからこそ、うまくいったのです。しかし、瞬時に会社の命運にかかわるような意思決定をしなければならない、質的にも量的にも変化の激しい今のような時代には、明らかにその経営モデルはそぐわなくなっている。

もとより、かつての時代も、重要な時には大胆な意思決定が行われていました。創業家やオーナー家による決断です。そして、あの人たちが言うのであれば、と誰もが従った。ところが、彼らが経営陣から去ると、誰も決断で

きなくなりました。新たなトップが危機感を持って思い切った決断をしても、まわりが言うことを聞かない。誰かが痛い思いをすることになる決断はなおさらです。ボトムアップが尊重され、OBまでもが口を出す。こうして、何も変えられないまま時間だけが経過してしまった。

アメリカの株主主権型のCEOは桁違いの権力をもって上意下達の策を推し進めます。韓国、台湾、中国の成長著しい企業の多くは、オーナー一族が率いています。いずれも強力なリーダーシップのもと、ダイナミックな意思決定が行われる。日本でもオーナー企業は好調な会社が多い。今は独裁モードの帝政や王政が民主共和主義に勝っているのがビジネス界の現実です。

日本の選択肢は3つです。アメリカ型のCEOに権力を集中させる方法を採用するか。別の素早い意思決定ができる仕組みをつくるか。どちらもできずダラダラと衰退していくか。今のままのモデルが通用する一部の産業を除けば、日本企業はデバイス、テレビ、自動車と個別に世界から撃退されていきかねない。

トップは強い危機感を持っていると思います。しかし、ガバナンス構造をつくり替える時に難しいのは、トップに立つ人だけでなく、トップに権力を付託する人の意思も一致させなければいけないということです。それができないと、社内で安易なヒーロー待望論が巻き起こる。今の日本企業の理想は、松下幸之助や盛田昭夫といったカリスマ経営者をクローン技術で生き返らせることかもしれない。残念ながら、不可能ですが。

モノづくりの原点に回帰せよ、といったノスタルジーも相変わらずです。経営の世界とモノづくりの世界を混同する勘違いが後を絶たない。元CEOの出井伸之さんのソニー改革に否定的な見方をする人もいますが、実は誰よりも早く企業のガバナンス構造の問題に気づいていたのが、彼でした。それは、創業世代以外の初の経営者だったからこそでしょう。ソニーを日本初の委員会等設置会社にし、委員の過半数を社外から招聘《しょうへい》した改革は、極めて問題の本質を突いていた。

意思決定のメカニズムをいかに変え、実践していくか。経営者の能力さえ高ければいい、というわけでは、実はまったくないのです。

症例28

自分は〝与党型〟か〝野党型〟かを正しく判断する

私は、政治家に限らず、人には〝与党型〟と〝野党型〟がいると思っています。〝野党型〟の典型例は、すぐに誰かや何かの責任にしようとする。夢見がちなユートピアばかり語る。与党はそれではやっていけないのです。

もともと日本人そのものが、本質的に野党的です。「お上」と一般人という関係性を長く続けてきたのが日本。自らが国のオーナーという意識は高くない。原発事故が起きて、国のお金を使え、という声が上がりましたが、英語には「国のお金」などという言葉はありません。それは納税者のお金です。

こうしたなか、少数の与党型リーダー人材が率いてきたのが、日本の歴史でした。他方、最もタチの悪い動きをしていたのが、何でもかんでも白黒はっきりつけようと言い張る野党型で声の大きい連中です。

もとより白黒つけろ、なんて言っていられるのは、野党だから。最終的にギリギリのところで妥協点を見出すのが、与党的なリアリズムです。テレビで好き放題言っている評論家などは、典型的なタチの悪い野党です。よく彼らは与党を「一貫してない」となじりますが、難局の打開に一貫性はたいした問題ではありません。評論家が好きなイデオロギーなんて何の役にも立たない。

会社でも、爽やかな弁舌で出世を遂げる〝白黒〟野党タイプの人がいます。やたら声だけは大きく、役員会でも正しいことを言い張る。しかし、与党的なリアリティのもとでは、不都合な真実も受け入れないといけません。だから、いざ本当の勝負どころとなると、このタイプは真っ先に逃げ出します。私は、多くの企業再生でそれをじかに見てきました。与党になって返り血を浴びる覚悟はないのです。

日本の与党型リーダーにとっても、普段の仕事の多くは利害調整です。ところが、現代のような時代の変動期には、どうしても雌雄を決すべき問題が出てきます。そこではじっくり利害調整をやってるヒマはなく、与党的立場での白か黒かを迅速果敢に決断しないといけない。

しかも、幕末はじめ歴史をひもとけばわかりますが、大きな改革が起きる時というのは、対立軸は外部ではなく、改革派の内部にあるもの。身内が血を流すかもしれない苦しみに耐えられるか。それでも改革を断行できるか。その覚悟が、リーダーには問われるのです。

さて、自分は与党型なのか野党型なのか、どちらのタイプか、分析してみるといいと思います。どっちがいい悪い、ではない。問題は、自分でタイプを認識せず、自分に合わない役回りを引き受けてしまうことです。そうなると悲劇が起こる。民主党政権の最初のふたりの総理がそうだったように。

症例29

ネットビジネスは実は原始的。だからこそリーダーの資質が命運を左右する

ネットビジネスに関しては理解しておかなければいけないことがあります。それは、実はビジネスモデルとしては何ら新規性はない、ということです。

フェイスブックもグーグルにしても、基本は広告モデル。パーソナライズ化は多少できるといっても、テレビや新聞の広告がネットに置き換わっただけです。アマゾンも平たくいえば通販。アメリカではスーパーマーケットが台頭する以前にあった業態で、超大昔のモデルです。

そしてネットで儲けている通信会社に至っては、100年前にベルがつくり上げたモデルが今も変わっていない。サービスのイノベーションが起き、結果として社会的な影響はありましたが、お金を儲けるメカニズムにはイノベーションなど起きていないのです。

元来、消費者からお金を取るというのは、本当に大変なことなのです。し

かも、人間の消費行動は意外に保守的です。無駄な買い物はしないし、消費形態も変えない。ネットが出てきても、銀座や渋谷から買い物客が消える、なんてことはない。リアルとのトレードオフではないのです。

となれば、事業者が目指すのは、顧客を集中的に獲得する大規模化しかない。スケールメリットを追求し、誰も追いつけなくなるようにする。今、まさに全世界で起きているのが、この競争です。ビジネスが原始化しているのです。

タブレットリーダーがいろんな会社から出ましたが、これも特に新しい動きというわけではありません。原始的な顧客の獲得競争にすぎない。ただ、興味深いのは、アマゾンのキンドルです。実はアマゾンは、デジタルコンテンツが売れてしまうと、一方で困ったことになるからです。なぜなら、有形物の書籍こそ、彼らの儲けの柱だから。紙の書籍のネット通販という、アマゾンのもともとのビジネスモデルからみれば、デジタル化は、言ってみれば、敵に塩を送っているようなもの。相反する事業になるということです。

しかし、これこそがアマゾンの、もっといえばアメリカのネット企業の強みといえるのかもしれません。ワンマンのトップが、自社の利益を毀損しかねない大胆な決断をしてしまう。

これが日本企業だったらどうか。社内の抵抗勢力による徹底的な反対に遭って、相矛盾するような意思決定などできないでしょう。

ビジネスに新規性はない。だからこそ、経営の力量が問われる。これもまた、ネットビジネスの本質です。

症例30

〝ムラ意識〟の良さを利用できるリーダーは誰だ？

ＴＢＳのドラマ『半沢直樹』が大変な人気になったのは、記憶に新しいところです。視聴率が30％を超えているということは、相当に幅広い層から支持されているということ。それは、世代を超えた多くの人が「あるある」と共感できるところがあるからです。

言ってみれば、〝クソ・サラリーマン〟をめぐる物語です。そして舞台となっている銀行は、日本的カイシャの究極の姿、といってもいい。上司におもねり、ウルトラ忠犬ハチ公になる一方、自分の身が危なくなれば、裏切り、陥れることもいとわない……。

どうしてそんなことになったのかといえば、視野が狭いからです。半径5メートルほどの世界で生きて、そこだけにすべての知力、体力を投入する。自分の所属する組織を存続させ、そこで出世することが、すべてに優先してしまう。

この行動原理は、多くの企業を蝕《むしば》みました。バブル崩壊以降、会社組織はその反省から大きく変わったように見えますが、実は今も本質は変わっていません。帰属意識、相互監視、疎外の恐怖……。私はこれを、以前から日本的ムラ意識と呼んできました。

このムラ意識が強すぎた結果、今や企業は本当に立ち行かなくなりつつあります。グローバル競争時代を迎え、ムラ内の調整に手間取っている間に全滅させられてしまう。

ところが難しいのは、日本的なムラ意識を完全に組織からなくしてしまえばいいのかといえば、そんなことはない、ということです。問題点が多いのは事実ですが、ムラ的な良さもあるからです。それが、日本人にとって、DNA的に居心地がいい。実際、ムラ意識を改革しようとして、失敗した会社が数多くあります。

今、必要なのは、ムラ的な良さを理解しつつも、改革を実行できるリーダーです。カルロス・ゴーン社長率いる日産自動車は、その代表例だと思います。ムラの行動様式のプラス面、例えば集団性などは、日本の組織の強みです。国際競争を行ううえでは、これは逆にテコにしたほうがいい。そこまで理解してマネージできれば、ムラ意識はむしろ強みにすらなるのです。

症例31

報酬をケチったら二流のリーダーしか来てくれない

武田薬品、資生堂、サントリーが外部出身のプロ経営者を招いたことが話題になりました。3社に共通しているのは、グローバルな経済圏で戦っていること。それは、ワンルール、ワンマーケットでの戦いであり、極めて激烈な戦いです。

サッカーを例にすると、わかりやすいかもしれません。大きな盛りあがりを見せる、サッカーのワールドカップ。日本は昔はワールドカップに出ることすらできませんでした。では、昔と今では何が違うか。日本のサッカーがプロ化したこと。プロ化していなければ、世界のマーケットでは通用しないのです。

同じように、経営者もプロ化しています。それが内部昇格か外部招聘かにかかわらず。技術者などの先端人材もプロ化が始まっています。世界で戦うには、世界水準のプロが必要なのです。「日本的な、みずほの国の資本主義でいいではないか」という議論も聞こえてきたことがありましたが、グローバル競争の世界ではまったくナンセンス。

みずほ的な特徴を生かして、世界で戦うのはありでしょう。しかし、日本だけが違うルールで戦うことはできない。サッカーをする時、日本はグラウンドやゴール、ボールの大きさを変えてやるようなものです。そのまま世界に出たら、試合にならない。経済でも同じです。世界の資本主義のルールのもと、労働市場の仕組みも合わせていくしかないのです。

となれば、プロの報酬も大きくなっていかざるを得ない。サッカーでも、報酬を値切ったら一流選手も一流監督も来てくれません。それでは世界のトップとは勝負にならない。企業経営も同じです。

日産自動車のカルロス・ゴーン社長の報酬が多すぎるのではないか、という声が上がっていましたが、では代わりの人材はいるのか。同じレベルの仕事ができる人が本当にいるかどうか。

ただし、プロ化するのは経営層など一部の人材だけです。その他の99％はこれまで通りのサラリーマンモデルで問題はない。その意味では、これから起きてくるのは、会社内における二極化です。1％の人材を早期選抜することであり、抜擢であり、世界で激しく働いてもらい、高額報酬で報いること。

こんなふうに書くと必ず、特別扱いは日本人には不向きだ、不公平だ、他の社員のモチベーションが下がる、といった声が決まって上がります。しかし、本当にそうか。サッカーでメッシが高額報酬を得ていることで、チームメートはモチベーションが下がるでしょうか。

はっきりさせておかなければならないのは、誰もが努力すればメッシになれるわけではない、ということ。その事実を認めないといけない。ギフトを与えられた人間を見つけ、積極的にタフな経験を積ませ、実力を発揮できる環境をつくることこそが大事なのです。

グローバルカンパニーでは30代前半の役員は普通です。グローバル企業の経営者は激務。早く育て、早くトップに据えるべき。そのためにも、人事制度はじめ仕組みを変革しないといけません。コア人材を育成し、評価するための新しい制度がつくれるかどうか。外国人や外部人材を特別扱いするような空気をなくせるか。プロの活用が当たり前、いや、社内外を問わずプロでないと経営者は務まらない時代は、すでに来ているのです。

症例32

委員会等設置会社でガチに次期社長を決めて初めて一人前の企業

コーポレートガバナンスコードが導入されるなど、企業統治改革には、社会的な注目が集まっています。そんななか、株主総会でちょっと驚くことがありました。

私はオムロンの社外取締役を9年にわたって務めています。業績は好調で、増収増益が続いています。また、私自身が企業統治改革への強い意識を持っていましたし、それを当時の会長、社長からも期待されて就任しましたから、オムロンでも取り組みを進めました。東京証券取引所の2014年の企業価値向上表彰では、大賞も受賞しています。

ところが2015年の株主総会において、ある議決権行使助言会社から、私に対して社外取締役としての不適格助言が出されたのです。最終的には、9割の賛成を得て再任されましたが。

理由は我が社がオムロンのコンサルティングを行っているから。しかし、実際その収益は全体の1％にも満たない。規約にも反していない。それも知らずに不適格助言を出すような会社は素人同然と言わざるを得ません。

企業の統治改革は、形はずいぶん整ってきましたが、まだやはり途上です。これから焦点になるのは、トップ指名をどうするか、という点でしょう。

日本で典型的なのは、今のトップが後継指名をすることですが、そこでOBにお伺いを立ててしまうことが多い。これは、最もダメなことだと思っています。

OBは会社をよく知っています。だから、「座りがいい」とか「過去の実績」とか内部の論理で選んでしまう。ムラの調和の達人を選ぼうとします。しかし、トップ人事で最も大切なことは、外敵と戦う最高司令官として有能か、ということです。

現役を退いたOBは、空軍の時代がやって来ているのに、陸軍しか経験したことのない人間を抜擢したりしかねない。実際、そういうことがよく起こるのです。しかし、OBは責任を取れません。ちなみに、ソニーはOBがうるさすぎだと私は感じています。

理想は委員会等設置会社をつくり、そこでガチに次期社長を決めることです。ところが、設置会社のある企業はほんのわずかで、さらにそれが正しく機能しているのはもっと少ない。日本の上場企業では10％に満たないでしょう。今時、自民党総裁ですら前任者が後任を決めたりしないのに、経済界は政界よりも遅れているのです。

「後継者指名」という自分の権力の根幹がなくなってしまうと誰も従わなくなる、と委員会等設置会社をつくることに恐怖を覚えるような人間を社長に据えている限り、その会社に未来はありません。

6章

会社に左右されない生き方をどう見つけるか

人間は、だんだんと選択肢が減っていく

これからビジネスパーソンはいかに生きていくべきか。その答えは、とてもシンプルだと思っています。自分の成功や幸福の尺度を自分の中に持っているかどうか、ということです。それに尽きると思います。

ただし、趣味や家庭生活で幸福を追求していく、ということではなく、あくまで仕事の中でいかに自分の成功や幸福を定義していくか、ということです。それも自らの価値観で。

これをできるだけ早く持ったほうがいい。早ければ早いほど、それに合わせるだけの時間的な余裕が出てきます。遅くなればなるほど、人生の時間は短くなって、能力的なフレキシビリティはなくなっていきます。定義をしたはいいものの、実現は難しくなっていく可能性が高まっていくということです。

多くの若い人が勘違いをしてしまうのは、「歳を経ていくと経験値が増え、社会的地位も上がるから、できることは増えていく」と考えていることです。そうではありません。むしろ、

やれることは減っていきます。もっといえば、人間は無能に近づいていくのです。

なぜなら、社会的に地位が上がっていく、立場が上がっていくほど、その人の能力の限界に近づいていくわけだからです。カネボウやシャープ、ＪＡＬの経営危機時の社長なんてその典型です。長年、上司のケツの穴をなめ、周囲に気を遣い、会社の最高権力者になってみたものの、何も自分の思い通りにならない、できない。

スポーツの世界も同じです。タイガー・ウッズはスタンフォード大学の成績優秀な学生でもありました。しかし彼はプロゴルファーとして生きる道を選んで、圧倒的な成功を収めました。でもプロゴルファーとしてはすでに明らかに下り坂です。スキャンダルなどもあって、今の彼はかなりつらい人生を送っているのではないでしょうか。彼ほどの才能なら違う分野でも大変な成功を収めていた。ひょっとすると大統領も夢ではなかったかもしれませんが、ゴルフに集中した20年間に大変な栄光を得た分、多くのものを失っているはずです。

人生というのは、途中までは選択肢が増えていきます。学校教育は、選択肢を増やすために行われているといっていいでしょう。私自身も、アメリカのビジネススクールに行った時くらいまでは、ずっと選択肢は増え続けていました。30代までは増えていたと思います。でも、40代で産業再生機構のＣＯＯになったところから、むしろ選択肢は減っています。

人生の選択肢が減っていく時、自分の選んだ仕事がたまたま自分の成功や幸福の尺度と一致していればいいですが、一致していなかったとすれば、けっこう生きづらいでしょう。

そしてもし、自分の尺度を持っていなかったとしたら、一致するも一致しないもない、という話になってしまう。そして、何も考えずに会社員生活を過ごしていたら、いったい最後にはどうなってしまうのでしょう。

実際、実は会社に入る前から、多くの日本人は〝出世競争〟をやっています。小学校の頃から受験があり、偏差値の高い学校に行こうとする。そして就職となれば、今度は〝就職偏差値〟の高いところに行こうとする。

入社したら課長には早くなりたい。部長にもなりたい……。そうやって、ある意味で極めて同質的なゲームを小学校、中学校、高校くらいからずっとやっているのが、多くの日本人なのです。この出世競争だけが尺度になってしまっている。

しかし、よくよく考えなければいけないのは、このゲームを最後までまっとうできるのは、ほんのわずかしかいない、ということです。

そのゲームをやることが、人生を気分のいいものにしているか、というのは結局、自分自身に問いかけるしかないことなのです。

そして、この問いは建前で答えを出してはダメ。自分は本当は何に気分良くなるのか、自分をだましているようでは本当の答えは見つかりません。

ほとんどのサラリーマンが仮面をかぶっている

正直な自分として、何をもって成功の尺度と考えるか。実は歳を経ていくと、これを試される局面が次々に出てきます。この時、多くの人は混乱する。なぜなら、ずっと自分ではない仮面をかぶってきたからです。

自分は何者か、というのはまさに哲学ですが、日本では、自分は何者なのか、という問いをできるだけしないように教育をしているのです。常に、誰かが考えた正解があり、その正解を当てに行く教育。これでは、自分の世界を確立できない。

確かに、かつてはこんなことを考える必要がない時代があった。日本が貧しかった時代。昭和30年代です。貧しいと悲劇が起きる。だから、とにかく明日は今日より豊かになろうと日本人は頑張った。

大企業に就職できたら、サラリーマンとしての出世競争。40年間1回勝負の競争を頑張った。やりたくもない麻雀に付き合い、行きたくもない土日ゴルフにも出かけ、なんとか取締役に、取締役になったらなんとか常務に、常務になったらなんとか専務にと、「サラリーマン」という仮面のゲームを延々とやり続ける。

冷静に考えると、日本企業のサラリーマンは、収入も、家族や個人としての幸福度合いも、多くのものを犠牲にして必死に頑張っているほどの差は開かない。しかし、そこで「仮面」ゲームをやっている人が今でもたくさんいるからこそ、『沈まぬ太陽』や『半沢直樹』的なドラマが盛りあがる。そのために体を壊したり、家庭を壊したり、しまいには命を落としたりする人は、今日現在も後を絶たない。

運よく出世競争に勝っても、いつかは会社から離れる。そして仮面を取って家庭や地域に戻ると、単なる冴えない初老のおっさんです。最近の内館牧子さんのベストセラーに描かれた『終わった人』として過ごす何十年もの時間が待っている。

そこまで来て多くの人々が気づく。「いったい自分は何のためにこんなに頑張ってきたのか」と。手遅れですが。

しかし、もう日本はすっかり豊かになったのです。みんな一緒の価値観は存在しない。だから、まだ心が柔らかなうちから、自分はなんなのか、自分にとって幸福感とはなんなのか、考える力を養わないといけないのです。

どんな時に自分が嬉しいと思ったり、どんな時に自分が居心地が悪いのか、どんな時に達成感を得られるのか、そういうことをしっかり理解するのです。

例えば、銀行預金の残高が増えていくことに至上の喜びを感じるタイプだと思うなら、絶対、成功の軸を「いくら稼いだか」に置いたほうがいい。「そんな強欲な」と、自分に嘘をついて他の聞こえのいい軸を設定してはいけません。不幸の元です。

また、まわりの人間がどんなにお金持ちになって、どこかに大きな別荘を構えたりしても、自分にはピンと来ないなら「いくら稼いだか」は成功の軸にならないということです。

こういう感覚を、きちんと持てるかどうか。持っていないと、みんなで一生懸命、軽井沢に別荘を買ってしまったりすることになる。本当に別荘が欲しかったわけでもないのに。

実際のところ、地位や所得、家族の運命もろもろ含めて圧倒的に会社に握られているのが、多くの人の現実です。だから、自分の尺度などというのは、純粋に趣味の世界で追求するにとどめてしまう。一生懸命ゴルフをやるのもいい。走るのもいい。トライアスロンをやるのも、バンドをやるのもいい。しかし、それはあくまでアフターファイブの話です。

そうではなく、自分のメインの人生、職業人としての人生を真正面から見つめないといけない。ちゃんと対価をもらっているプロフェッショナルな世界で、何を成功と考えるか。あるいはどういう仕事をしている状態を幸福と考えるか。そういう問いなのです。

「will」と「can」と「shall」で自分のキャリアを考えてみる

もちろん一方で、食べていかなければいけないという問題がありますから、少なくとも家族が貧しさ故にストレスを感じない範囲でいられるというのが、必要条件でしょう。

そしてもうひとつは、自分がこの仕事をやって本当に良かったと何で実感できるか、というのが十分条件です。

必要条件は家族環境で決まるので、ある意味計算しやすい。問題は、十分条件です。これは、自分が決めざるを得ないからです。

この時、ヒントになるのが、「will」と「can」と「shall」です。何が自分はしたいのか(will)。得意なこと、できることは何か(can)。かつ社会が自分に期待していることとは何か(shall)。

つまり、自分にとっての「will」と「can」と「shall」をどう自己定義できているか、という話になるのです。実は、この判断能力は会社人間を10年20年やっていくと、どんどん下がってしまう。それは会社という組織、あるいは上司から期待されている役割をもっぱら演じるだけの人間、Shall専業型人間になってしまうからです。学歴エリートを目指している時は親や学校の評価、社会人になると組織任せ、上司任せの〝他人の人生〟を生きていると、着々と以前流行した小説の題名通り『終わった人』、自分の人生を自ら定義できない人間になってしまうのです。

その究極の姿が、社長になった時に「私なんか、とても器じゃありませんが、ご指名にあずかったので僭越《せんえつ》ながら社長をやらせてもらいます」って、言っちゃうこと。謙遜じゃないのです。本心でそう思っている。「will」と「can」がどこかに消えてしまい、「shall」だけのクソ・サラリーマン社長になっていることにある意味、自分では気づいている。だったら社長をやるな、オファーを受けるな、ってことですが。

会社の尺度で自分の幸せを定義すると、50歳以降の幸福は実現不可能

自我と向き合い、尺度を自分で決めるのは、苦しさもあります。だから、だいたいの人は、

ゲームそのものを諦めてしまいます。趣味に逃げてしまう。

軋轢を起こさずに無難に5年、10年と過ごそう、というゲームに切り替える。生存本能としては、正しいからです。しかし、50代ならあと10年ほどですが、40代なら20年はある。これはけっこうつらいでしょう。

そして、出世の道はますます狭きものになっていく。会社の尺度で成功することは、極めて難しくなっていく。50歳を過ぎると子会社や関連会社へ出されるか、残れるか、日々恐怖です。私の東大法学部の同期ですら、メガバンクを含むすべての銀行を入れても、本体に残れているのはひとりかふたりです。ほぼ全滅に近い。

だから、自分の人生を成功させる確率が一番高いのは、自分で成功の尺度を決めることなのです。自分の尺度で成功を測る。自己満足でいいのです。

同期が頭取になろうが、勲章をもらおうが、ランボルギーニに乗ろうが、別荘を持とうが関係ない。そう言える自分になるのです。正直、これは日本人的には、一番チャレンジングかもしれません。日本はムラ社会。物事の尺度は世間という空気が決めている。空気が幸福の尺度をつくってしまうからです。

しかし、それでは、どこまで行っても幸福にならない場合があります。あるいは自分の幸福というものを、自分がコントロールできない要素で決めてしまったりする。そうすると、人生は微妙になるのです。

一方で、社会的に成功していると思われていても、世間が決めた成功にまったく関心がない人も少なからずいます。実は私もそうです。世間的にいえば、出世だと思われるオファーをたくさんもらってきましたし、つい最近、某金融機関のCEOのオファーもありましたが、すべてお断りしています。なぜなら、まず関心がないし、それを出世とはまったく思わないから。

先に、JALのCEOになりたがっている、という怪文書を流された話をしましたが、そういうことを真に受けてしまう人もいます。ところが、私自身はこれっぽっちも思っていないのです。それは、私自身に尺度があるからです。

これは日本では特殊かもしれませんが、日本を出れば、先進国ではみんなそうです。諸外国のトップたちの行動パターンを見てみればわかる。何の惜しげもなく、ポストを捨ててしまう。まったくパーソナルな事情でトップの地位を放り出す人もいる。それは、その人独自の世界観、人生観によるものです。

日本も近代先進国になりました。リーダーをやっている人たちは、そうでないと、かえって危ないと私は思っています。その意味では、小泉純一郎元総理は、見事な辞めっぷりでした。完全に自分の尺度で生きていた。

逆に、小泉さんの先輩で、まだ政治にしがみついている人もいます。高齢になっても、なかなかポストを手放さない。勲章の格がひとつずつ上がっていって、世間様からより一層「立派だね」と認められることに感応しそうな人たちもまだまだいます。だから東芝の事件は起きた。勲章が欲しい権力者が多すぎたのです。

しかし今は、そういう姿を見て、ダサいと思っている人が、増えているのではないでしょうか。噂によれば、日立の大改革を成功させた川村隆さんは、東芝の権力者が渇望していた某財界ポストを頼まれたのに断ったという話です。「自分の人生にはもっと大事なことがある」と。まだまだバリバリ、シャープな方で、川村さんを尊敬する人、慕う人は日立の内外にたくさんいるように思いますが、最近、相談役もすぱっと辞められました。この噂が本当だとすると、めちゃくちゃお洒落です。

日本も、明らかにムードが変わってきています。世代が下れば下るほど、新しいムードは強くなっていく。だから余計に、早く自分なりの尺度をつくっておいたほうがいいのです。

症例33

古い権力に適合する優等生は必要ない

素直で謙虚で行儀がいい。おまけに爽やかなスポーツマン。そんな若者がもてはやされる報道を目にすることがあります。しかし、私はポジティブには受け止められません。

そもそも若者というのは、いつの時代ももっとギラギラした存在だったはず。そして生意気な若者こそが、新しい時代に挑み、切り開いてきた。奔放なエネルギーが生み出す若者の言動と、それに対して眉をひそめる大人との緊張関係こそが健全な社会の姿だと思うのです。それがなくなることは、国としての衰退を意味しているとすら私は思っていました。

典型的な優等生をもてはやすのもそうですが、大人に反抗心を見せる若者叩きなど、日本は非常に権力者的な価値観が増長している。体制側にとって都合のいい人が評価されやすい社会になっている。

そして組織も、優等生的な人材を求めます。組織にとって使いこなしやすいから、という側面は否めません。

私には、経済同友会の副代表幹事として、いわゆる「財界人」の末席に座っている顔があります。財界人同士の会話の中には、ちょっと緊張が緩むと「今どきの若者は勉強していない」「若い世代は礼儀知らずが多い」「やっぱり体育会系は使える」といった本音が出てきます。私からすれば、こんなことをトップ経営者が言っている企業の株は完全に「売り」です。

今の50代、60代が大学で勉強をしていたわけがない。60代が大学生だった頃は大学紛争で、授業は中止、ある意味、やる気のある学生は石を投げていた時代です。私たちの頃は一転して、大学レジャーランド時代。ユーミンの『サーフ天国、スキー天国』の時代です。はっきりいってどちらもロクなもんじゃないですが、それを忘れていること自体、もうボケています。

むしろ、組織においても改革を起こしてくれるのは、常に若い感性。いつの時代もそうです。その力をうまく取り入れることができなければ、衰退は避けられません。〝いい子ちゃん〟だけを求める組織は、実は非常に危険なのです。それは組織の老化そのものです。

ましてや今のグローバリゼーションのもとでは、多様性の担保はとても重要。組織はむしろ、積極的に〝異端〟を取り入れるべき時期に来ている。そして企業経営も、異端的な発想こそ必要でしょう。

政治にしても、経済にしても、単純に白か黒か、という結論で片付けたがる。しかし、現実はほとんどがグレーのはずです。グレーであることを受け止め、あるいは白か黒か自ら迷い、何がそうさせているのかを探求しようとする。そういう好奇心が、社会からどんどん失われていると思うのです。なぜかといえば、そのほうがラクだから。何も深く考えず、ただ流されるままに生きたほうがラクだと多くの人が思っている。

視点をグローバルに変えた時、日本の教養レベルは圧倒的に低いのが現実です。日本人は受験に合格する勉強はしても、人としての深みを得る教養を身につけない。世界のエリートは自分の仕事に関係する、しないにかかわらず修士のふたつ、博士号のひとつは持っていないと、くらいの認識がある。20代、30代でとんでもない教養を身につけている。日本人も勉強していると言うかもしれません。しかし、それは会社や仕事に関することでしょう。

例えば日本ほど、エリートが外国で起きている情勢に関心がない国はない。

勉強というのは、仕事にかかわることだけではありません。世界や、あるいは人間や生への探求、なかなか答えの見つからないものへの探求も大切な勉強です。それが、人間としての深みをつくるのです。

日本は高学歴社会だといわれます。しかし、私は日本は「合格歴社会」だと思っています。一度合格すれば、あとは永遠の既得権が手に入る。大学受験しかり、司法試験や公務員試験しかり。

ただ最近、救いを見つけました。最近の大学生はよく勉強しています。もしかすると、彼らはこの国の未来の危機を本能的に感じ取っているのかもしれない。そういう市井の若者にも、大人はきちんと目を向けるべきなのです。

症例34

真のエリートに必要なのは、空気を読まずに自分で考えること

ＫＹ（空気読めない）という言葉は、日本の社会を象徴する言葉だと思います。そしてこの事実は、実はかなり危ないシグナルだと私は感じています。国レベル、企業レベルで、しっかり認識しておかなければならない問題ですらあります。

国や企業が何かをしようとする時、おそらく間違っていないと納得できる目標がみんなで共有され、その方向に向かっている時には、空気を読むことは大いにプラスに作用します。しかし、進むべき目標が定まらず、正しいかどうかわからない時に、それが人々の間で働き始めるとどうなるか。方向がないままに、お互いの空気を読むことだけが先走りし、目的と手段が転倒しかねない。実はガケに向かって進んでいるのに、みんなが進んでいるから、とそれを見ようともしない。そんなことが起こり得るのです。

そもそも日本で優等生といわれている人たちは、空気を読むことが誰よりもうまかった人たちが多い。日本のエリートを決める〝試験〟とは、そういうものだから。出題者の意図を読むことこそ、いい点数を取る秘訣。優等生になるのに一番大事なのは、空気を読むことなのです。だから、エリートの多くには理念がないともいえる。空気を読み続けてきただけだから。そして、社会に出ても空気を読み続ける。それがうまい人、理念なき妥協の名人こそが出世してしまったりする。要は、〝クソ・サラリーマン〟のなれの果てが経営トップになっていく。そんなことが現実に起こっています。

私はむしろ日本で必要なのは、空気を読まないことだと思っています。ひとりひとりが自分の理念を持ち、行動していくこと。そのために必要なのが、実は勉強することなのです。そして自分で考えること。日本ほど、大人が考えない国はない。

実はそこにこそ、みんなが空気を読みたがる理由があるのです。空気を読んでいるほうが、ラクだから。勉強し、考えれば苦しくなる。まわりと衝突を生む可能性がある。ストレスも生まれる。考えることは、生き方を難しくするのです。でも、考えない人は、考えている人には絶対にかないません。

勉強しない日本のエリートは、外国のエリートには絶対に勝てない。つまり、グローバル競争でも太刀打ちできないということ。

『三丁目の夕日』という映画がヒットしました。映画自体を否定するつもりはありません。ただ、現実の昭和30年代は、あんなのんびりした時代ではなかった。むしろ『天国と地獄』や『キューポラのある街』こそ実態だったはずです。

人間の記憶というのは、嫌なことは忘れるもの。美化された記憶だけが残る。でも、「あの頃は良かった」なんてことは実は絶対にないのです。どう考えても、今のほうがいい時代です。そんなシンプルで明快な事実すら忘れさせてしまう怖さが、空気にはある。国も企業も、その怖さをしっかり理解しておかなければなりません。

症例35

現代アートで試す、自分の軸。誰もいいと言ってないものを評価できるか?

欧米はもとより、経済成長著しい中国でも現代アートに注目が集まっていますが、もっと経済的には豊かなはずの日本ではどうして盛り上がらないのか。まず言えるのは、富の偏在の著しい他国とは異なり、日本にはお金持ちがあまりいない、ということです。誤解を恐れずにいえば、芸術を理解できるようなインテリがお金持ちになりにくい国、といえるかもしれません。つまり、お金持ちのインテリ層の厚みが非常に薄いのです。

アメリカなら、子供に高度な教育を受けさせることができる家には、まずほとんど間違いなく本格的な画集があります。また、部屋にもそれなりに高価な絵が飾られている。そうした絵を見て子供が興味を持ち、またその興味に応えられるだけの財力が家にあってこそ、子供たちは自然に教養を高めていくことができるわけです。

現代アートや現代音楽は、一般大衆向けの芸術ではありません。決してユーザーフレンドリーなものとはいえない。つくり手は伝統的様式にのっとって作品をつくるのではなく、オリジナリティを模索するので、観る側、聴く側には非常にわかりにくい。興味を持ち理解するには、一定レベルの教養や訓練が必要になります。伝統的様式を理解して初めて、現代アートの面白さがわかるようになるわけです。

そして日本においてはもうひとつ、価値の測定という問題があると私は思っています。アートの価値は、極めて主観的な考え方が支配する世界です。言ってみれば好き嫌いがすべて。ところが日本人は、この主観が得意ではないのです。なぜなら日本のインテリや優等生の多数は、その人の主観的な意思や主張、価値選択の姿勢が評価されて優等生やエリートになったわけではなく、社会や他人の評価が大きく影響した結果、優等生やエリートとなることが極めて多いからです。だから、みんなから立派だと言われるもの、みんなが素晴らしいと思っているものを目指してしまう傾向が強い。

現代アートの世界で問われているのは、誰もいいと言っていないものを評価できるか、です。誰からも評価されていなくても、自分の評価で支持できるか。それこそ、生前はまるで評価されなかったゴッホの絵を、最初に買った人がどこかにいたわけです。おそらく「気に入った」という主観を頼りに。

私は小学校の頃から絵を習い、描くことが好きで、今となっては恥ずかしい勘違いですが、美術の道に憧れた時期もありました。今も素朴に現代アートが好きで時々見に行きます。黙って秘かに。日本の社会では「現代アートが好き」と知られると、「スノッブな奴だ」と、やっかみや、よからぬ誤解を招くこともあるからです。

そして鑑賞の基準はひたすら「好き」か「嫌い」か。これは伝統的な美術も同様です。だから例えばルノワールなんて大嫌いです。日本人の作家でも平山郁夫は嫌い。東山魁夷も若い頃の『残照』や唐招提寺の襖絵は素晴らしいと思いますが、晩年の白い馬が出てくるやつは「もう勘弁してよ」です。断っておきますが、これ、単なる好き嫌い。評論ではありません。

主観で行動することを阻む空気が、ひっそりと社会全体に広がっているのが日本。これこそ、かなりの難敵です。

症例36

優秀な女性は男性よりも選択肢を持っている

男女雇用機会均等法の施行から30年以上になります。しかし、働く女性をめぐる環境は、決して好転しているとはいえないようです。

背景にあるのは、日本人の働き方が変わっていないことです。日本型正規雇用の特徴は、職務定義が曖昧なこと。言い方を換えれば、会社に言われたことは何でもやる、ということです。

異動も、転勤も、上司に命じられたら週末ゴルフも断らない。取引先の接待のために真夜中まで店をはしごするのもいとわない。24時間365日、会社に捧げる。そんな高度成長期にできあがった働き方、きつい言い方をすれば〝クソ・サラリーマン〟の働き方が、今も幅を利かせている。

均等法の詐欺性は、女性に総合職という道を開いた代わりに、女性に「オッサン化せよ」「クソ・サラリーマン化せよ」と求めたことです。ずっと仕事をし続けないと事実上、偉くなれない働き方を強いているのです。

対して欧米の働き方は、基本的に職務が明確です。だから、上司が秘書に「お茶をいれてくれ」などと頼もうものなら、訴えられてもおかしくない。労働契約に入っていません、と。そして、定められた職務に給料が支払われる。もし仕事ができずに、職務が減れば給料も減ります。ところが日本では、給料は職務に関係なく上がり続けていく。欧米型よりも日本型のほうが生産性が上がっているのであれば、文句はありません。しかし、違うわけです。

そんな日本型の働き方を過剰に守ろうとしている勢力がいます。古い仕組みで出世したオジサンたちや、何も変えたくない人事部です。組織が世知辛くなる、絆がつくれなくなる、などと言いますが、嘘です。その程度で壊れるような絆は絆でもなんでもない。

これだけ変わらない背景は、会社の本音が違うところにあるからです。女性という異質な働き手がインサイダー的仲間になるのは面倒だけど、世間がうるさいので、という感覚。

もとより歴史をひもとけば、男女は共働きが普通だったのです。日本の江戸時代も、庶民はみな共働きだった。〝専業主婦〟がいたのは、お武家さんだけ。工業化社会になって職場から女性が離れていったのは、工場は危険な場所だったからです。力も必要だったし、男の集団のほうが効率が良かった。

しかし、今は脱工業化社会。ほとんどの仕事に性差は関係ない。子供を産んで育てる時、女性が仕事を離れたほうがいい時期があるだけ。しかし、せいぜい数年です。

だから、すでに能力のある若い女性は気づいています。自分をフェアに評価してくれるのは、古い働き方の日本の大企業ではない、と。スキルや実力と違うところで人を偉くするような会社では、自分に自信のある人は働かなくなっている。

もっといえば、グローバルで戦っている企業は、全世界で採用競争をしています。それが、企業の未来を左右するからです。そんななか、同じ日本人の女性すら上手に活躍させられない会社に、もっと自己主張の強い、子供のいる外国人女性が入ってくれるでしょうか。忘れてはいけないのは「優秀な女性は選択肢を持っている」ということです。

あなたの会社に何人の女性がいきいきと働いていますか？　変えられないことは、結果的に自分たちの首を絞めることになるのです。

症例37

末期にきている
カイシャ幕藩体制にしがみつくな

1863年頃といえば、江戸末期、10年足らずで明治維新による廃藩置県という時期です。しかし、この時、紀州藩など親藩の藩士は、10年後に自分たちの藩がなくなっているなどと、誰も思っていなかったと思います。

安政の大獄、桜田門外の変、戊辰戦争……。時代はうねりを上げて変化していきますが、それを実感していたのは、薩長や会津の最前線の武士たちだけ。その他の藩では、粛々と日々の生業が継続して行われていた。ところが10年で、世の中はひっくり返ってしまったのです。

実はこれは、今の時代も同じだと思います。JALが破綻し、シャープが苦境に陥り、東芝が事件を起こしても、当事者にならなければ所詮は他人事。悪いくじを引いたくらいにしか思えない。人間の心理は、そんなものです。

江戸時代は身分制ですから、藩士の身分も基本は終身年功制。現代の大企業サラリーマンと同じです。サラリーマン社会は、大学卒業時に新卒一括採用で迷い込んでしまった会社に一生勤めることが一般的です。「自分で選択した」といってみても、二十歳そこそこの子供の選択です。主体性のなさという意味では、江戸時代になんとか藩士の家に生まれたから自動的に藩士になるのと大差ありません。

でも、自分が忠誠を誓っていた藩が、わずか10年後になくなってしまい、居場所を失った江戸時代の藩士たちと同じようなことが、今の多くのビジネスパーソンに起こらないという保証はどこにもありません。いや、今、それに近い空気を私は感じています。カイシャ幕藩体制、サラリーマン幕藩体制は、末期に来ているのではないか、と。

実際、その萌芽はあちこちに見てとれます。マジメにコツコツ仕事をしていても、役員や社長になれなくなった。外部から役員や経営者が送り込まれてくる時代です。戦後日本を牽引した大手製造業は今やGDPの3割を切り、雇用も2割ほどしかない。モノづくりの力を一生懸命に磨いている間に、その力を持たないアップルのような会社に世界を席巻されてしまっている。

さらにインターネットの登場で、社会は大きく変わりつつあります。ネットバンキングや電子マネーが浸透するなか、果たして銀行の支店はこんなにたくさん必要なのか。スマホで1000円に満たない金額で有名講師の授業が見られる時代に、高額の塾や家庭教師はどうなるのか。時間も手間もかかる添削ビジネスに生き残る道はあるのか……。

実はいろんな分野で今、静かな革命が起きています。しかも、世界で同時多発的に。蒸気機関車や自動車が初めて世に出てきたような、社会や人の関係性の大きな変化が起きようとしている。すでにシーソーは反対側に傾きつつある、というのが実態だと思うのです。

人間は同じことが永遠に続くと思ってしまう生き物です。これは人間の性《さが》といっていい。まさか自分の会社がつぶれたり、大きなリストラをしたり、給料を大幅に下げたり、ポジションを剝奪するようなことはしないと思っている。

しかし、現実には特権階級として君臨していた士族という人間たちが必要なくなり、そのスキルが新しい時代にまったく役に立たなかった時代が、ほんの150年ほど前にあったのです。北海道で屯田兵になるしかなかった社会のエリートたちがいたのです。

症例38

この先、サバイブできるのは誰だ？

人間は30歳を過ぎると、どんどん保守的になり、未来を規定したくなります。40代に入ると、保守的な未来を欲しがり、変化への適応力が下がっていきます。

これを上げるにはどうすればいいか。ひとことで言うと、飽きっぽくなること、好奇心を持ち続けることです。言い換えるなら、人間としての色っぽさでしょうか。シリコンバレーが栄え続けているのは、ひとえに、そこで働く人々にこの要素が大きいから。

加えて、日本のサラリーマンが求められているのは、自分の競争力を常に労働市場と照らし合わせること。これが圧倒的にできていない。不都合な真実も見つかるでしょうが、「その気になればなんとかなる」と、いい意味での万能感を持つことも必要です。

例えば、自分が得ている報酬は、本当に正当なものか。年収1000万円の人には、オフィス代や社会保険料なども含めると3000万円ほど稼いでもらう必要があります。1日あたり約10万円。さて、今の自分の仕事ぶりに顧客はそんな対価を払ってくれるのか。報酬に見合った仕事のやり方に変えられなければ、同じ水準の報酬が続く保証はありません。

逆に、「世のため人のためにいい仕事ができた!」と達成感を得たとしましょう。では、それに見合うだけの報酬もきちんと得ることができたのか、というシビアな見極めも必要です。勤めている会社の立ち位置と自分自身の立ち位置を、冷徹に見極めることで、次なる行動のきっかけをつくることができるのです。

この客観的な市場評価ができる人は、自分のやった仕事ともらうべき報酬の関係を正しく認識できるので、状況によっては〝貸し〟をつくることもできます。また〝借り〟をつくったことも正しく認識できます。カイシャという共同体が守ってくれない時代、この人生の貸借対照表を正確に把握しておくことは重要です。

ここで今、重要なのは、世の中の成功や幸福の定義とは別のメジャーで、次なる行動を考えることです。時代の変わり目には、世の中の成功の定義はいとも簡単にひっくり返ってしまう。一方で客観的な市場評価に基づく貸借対照表をシビアに認識しつつ、その資産を何のために使うのかは、自分自身の主観的な価値基準、メジャーメントで決めるべきです。

それこそ、出世することが、必ずしも幸せとは限りません。自分の能力以上のポジションを与えられてしまうのは、むしろ不幸なことかもしれない。やっかいなのは、そのメジャーメントのつくり方を、これまで誰も教えてくれなかったことです。ぼんやりと社会に広がっていた定義や基準を追いかけていれば良かったのが、日本だったから。しかし、もうそれはなくなります。これこそが、時代が変わるということなのです。

将来、自分や家族にいくらお金が必要なのか割り出す。自分が達成感を得られる仕事が何かを整理する。そのメジャーメントができてこそ、自分自身の幸せをつくり出せる。こういう人こそが、激動の時代をサバイブできるのです。

おわりに

壮絶な努力を継続するのが、世界レベル

ここ数年のスポーツ界で最もホットな話題といえば、テニスの錦織圭選手の活躍でしょう。世界ランキングでヒトケタになり、「勝てない相手はもういない」という言葉も本人の口から出てきました。

私はもう何年もグランドスラムはほぼ全試合を観てきましたが、やはり錦織は変わりました。まず、あらゆるショットが良くなった。なかでも良くなったのが、サーブです。ダブルフォルトを連発する試合もありましたが、それは勝負に行っているから。深いセカンドを狙いに行くからです。

そしてもうひとつが、試合中のメンタルマネジメントが良くなったこと。テニスの試合というのは、一方的に見えても、何かの拍子に平気でターンアラウンドが起きてしまいます。大逆転勝ちも珍しくない。そんななか、錦織はグランドスラムでフィジカルな不利を克服して勝った激しい試合がいくつも出てきた。これは大きな自信になったはずです。

背景にあるのが、コーチングスタッフがいい組み合わせになったことでしょう。マイケル・チャンが加わったことで、世界トップレベルで戦うテクニカルコーチングとメンタルコーチングの両方が揃いました。

もうひとつ、大活躍の背景には、まさかこんなに急に錦織が伸びてくるとは、まわりが予想していなかったというのも大きいと思います。つまり、研究が追いつかなかった。

ただ、上位の選手は誰もがこういう道を歩んでいます。徹底研究されてもまだ勝てるのは、翌年さらに強くなるから。これをどのくらい継続できるかが、ランキングをさらに上げ、やがては1位を獲得するために必要なことになる。

今は1位のジョコビッチも、一時は4位、5位で止まっていた時期があった。それが、徹底的にサーブ力を磨き、1位に駆けあがりました。ディフェンシブなテニスからスタイルを変えたのです。また、試合中に自分の調子を判断して、ディフェンシブに戻したりもする。引き出しが多いのです。

錦織も才能は素晴らしいものがあります。ボールを打つ柔らかさは天才的。何気ないボレーやドロップショットに驚愕することがあります。これは練習してもできるようなものではない。その意味では、何十年にひとりの逸材であることは間違いない。

しかし、これはビジネスの世界と同じく、もともとの素養があって、しかも徹底的な努力が必要なのです。グローバルレベルの競争とは、そういうもの。才能は当たり前で、壮絶な努力を継続するのが、世界レベルなのです。

錦織を見ていると、改めてそれを思い起こさせてくれます。日本はもっともっと頑張らないといけない。そう思わざるを得ないのです。

ビジネスの世界でも、世界で競うという点ではまったく同じ、そんな壮絶な努力と自己変革を継続する気力と体力、さらにはその苦痛を楽しめるような、ほとんど変態チックな性癖がなければ生き残っていけません。

ただ、私も少々歳を取ってきたのでよくわかるのですが、今さら趣味で何をやっても、決して仕事で自分が到達しているレベルには届きません。世界的に最も高いレベルで最もエキサイティングなゲームをできる、すなわち最も人生を楽しめるのは仕事なのです。

同世代で、仕事の世界でのゲームが終了し、だんだんと人生が楽しくなくなる仲間が増えるにつれ、本業でグランドスラムの試合に出続けられることの幸せを強く感じます。

幸い、仕事の世界には無数の種目があり、無数のグランドスラムがあります。読者の皆さんには、今いる会社、それも腐りはじめている会社のムラ内運動会に固執することなく、広く世の中に自分が好きで得意な試合の舞台を探し、創造しようと努力することをおススメします。東京にも、地方にも、そして海外にも実に色とりどり、素晴らしいゲームは存在するのです。

なお、最後になりましたが、『ゲーテ』連載時代からの編集担当で、本書もご担当くださった幻冬舎の米澤多恵氏に感謝申し上げます。また構成にあたっては、ブックライターの上阪徹氏にお世話になりました。この場を借りて、感謝申し上げます。

これからは、ひとりひとりが自らの付加価値能力をいかに高めていくか、問われてきます。厳しい時代を生き抜いていくうえで、少しでも本書がお役に立てれば幸いです。

2016年10月　冨山和彦

有名企業からの脱出

あなたの仕事人生が〝手遅れ〟になる前に

2016年10月25日　第1刷発行

著　者　冨山和彦
発行人　見城　徹
発行所　株式会社　幻冬舎
〒151-0051　東京都渋谷区千駄ヶ谷4-9-7
電　話　03(5411)6211(編集)
　　　　03(5411)6222(営業)
振　替　00120-8-767643
印刷・製本所　図書印刷株式会社

検印廃止

ISBN978-4-344-03020-6 C0095

幻冬舎ホームページアドレス
http://www.gentosha.co.jp/
この本に関するご意見・ご感想をメールでお寄せいただく場合は、
comment@gentosha.co.jpまで。